光明社科文库
GUANGMING DAILY PRESS:
A SOCIAL SCIENCE SERIES

·经济与管理书系·

企业职工基本养老保险基金中央调剂

——地区公平与上解比例

王雅婷 | 著

光明日报出版社

图书在版编目（CIP）数据

企业职工基本养老保险基金中央调剂：地区公平与

上解比例／王雅婷著．－－北京：光明日报出版社，

2021.6

ISBN 978－7－5194－6071－6

Ⅰ.①企… Ⅱ.①王… Ⅲ.①企业—职工—基本养老

保险基金—财政收支—研究—中国 Ⅳ.①F812.4

中国版本图书馆 CIP 数据核字（2021）第 083140 号

企业职工基本养老保险基金中央调剂：地区公平与上解比例
QIYE ZHIGONG JIBEN YANGLAO BAOXIAN JIJIN ZHONGYANG TIAOJI：
DIQU GONGPING YU SHANGJIE BILI

著　者：王雅婷			
责任编辑：宋　悦		责任校对：刘文文	
封面设计：中联华文		责任印制：曹　净	

出版发行：光明日报出版社

地　　址：北京市西城区永安路 106 号，100050

电　　话：010 - 63169890（咨询），010 - 63131930（邮购）

传　　真：010 - 63131930

网　　址：http：//book. gmw. cn

E - mail：songyue@ gmw. cn

法律顾问：北京德恒律师事务所龚柳方律师

印　　刷：三河市华东印刷有限公司

装　　订：三河市华东印刷有限公司

本书如有破损、缺页、装订错误，请与本社联系调换，电话：010 - 63131930

开　　本：170mm × 240mm

字　　数：137 千字　　　　　　印　　张：12

版　　次：2021 年 6 月第 1 版　　印　　次：2021 年 6 月第 1 次印刷

书　　号：ISBN 978 - 7 - 5194 - 6071 - 6

定　　价：85.00 元

前　言

　　企业职工基本养老保险的全国统筹问题一直是我国养老保险制度深化改革的热点和难点问题。我国各地区企业职工基本养老保险基金收支严重不均、各地区养老历史债务与经济发展水平不适应等现象，一直阻碍着全国统筹目标实现，也影响了地区经济发展环境的公平性。在此背景下，2018 年 7 月，我国启动实施企业职工基本养老保险基金中央调剂制度（以下简称中央调剂金制度），中央调剂基金由各省份基本养老保险基金上解资金构成，由中央政府筹集后对省级政府养老金发放进行补助，该制度建立了中央与省级政府责任明晰、分级负责的管理体制，是基本养老保险领域的重要制度创新。然而，现行中央调剂金制度主要考虑了各地区基本养老保险基金的收入端和总量因素，对支出端及人均因素的考量有所忽略。一方面，现行中央调剂基金的下拨端（即支出端）仅考虑了地区离退休人员数量，未考虑地区实际生活消费水平，故下拨端并未与地区基本养老保险基金支出产生实际关联，基金支出相对高的地区，其中央调剂金的下拨力度可能较小。另一方面，现行中央调剂金制度对各地区采取统一上解比例（目前为 3%）进行筹集，然而对各地区居民人均养老金水平和人均生活消费水平等人均因素的实际差异考虑不足，可能会在地区公平性上有所缺失。基于对这两方面的思考，我们希望进一步探究哪些指标能较直观有效地测度地区差异，如何调整各地区基本养老保险基金上解比例，以进一步实现地区相对公平的目标。研究并解答上述问题对我国基本养老保险制度深化改革有着重要参考价值。

　　本书是北京市社会科学基金项目"地区公平视角下企业职工基本养老保险全国统筹研究"（项目号：16YJB029）的研究成果。本研究或许在以下三个方面对当前我国企业职工基本养老保险基金中央调剂制度研究有所贡献。（1）学术思想方面。本研究在基本养老保险基金全国统筹制度设计角度认为高效运转的制度应设计合理的利益补偿机制以确保全国统筹的公平和效率，同时，制度本身在操作层面不应太过复杂。本研究建立了能直观有效衡量地区差异的测度指标，并进一步提出应依据基于地区公平的中央调剂基金筹集原则来测算各地区企业职工基本养老保险基金的上解比例。（2）学术观点方面。①提出衡量基本养老保险基金地区差异的两个测度指标：地区基本养老保险基金收支比与地区人均养老金消费比。其中，地区基本养老保险基金收支比指的是各地区每年的企业职工基本养老保险基金收入额与支出额之比，地区人均养老金消费比指的是各地区每年的人均养老金水平与人均生活消费水平之比。这两个指标可直观有效地衡量目前各地区基本养老保险基金缺口、历史债务、人均养老金等相对水平。②重新定义企业职工基本养老保险基金地区差异。依据上述两个测度指标，本研究将我国 31 个省市自治区分为四大区域，并给出基于地区公平的中央调剂基金筹集原则。

（3）研究方法方面。本研究将运筹学中的目标规划模型引入企业职工基本养老保险基金中央调剂制度研究，结合人口发展模型、保险精算模型测算中央调剂基金各地区筹集比例，为现行中央调剂基金方案提供一个测度地区公平性的视角。

本书的具体研究内容包括以下几部分。

第一部分是绪论，阐述项目研究背景、研究意义、研究思路与研究方法。根据"基本养老保险基金地区差异当前表现及未来趋势—基本养老保险基金地区差异测度—基本养老保险基金中央调剂制度实现地区相对公平的原则"这一逻辑主线，解答两个重要问题：提出测度基本养老保险基金地区差异的关键指标；提出中央调剂基金制度实现地区相对公平所遵循的筹集原则。由此将基本养老保险基金的地区可持续性、基金地区差异、基金调剂三者结合起来。根据我国基本养老保险基金地区差异所呈现出来的特征，以基金地区差异测度为手段，以提高中央调剂金制度的地区公平性为目标，提出基本养老保险基金中央调剂金筹集比例建议及实证支持。

第二部分是国内外文献述评。国内外学者在基本养老保险基金可持续性与基本养老保险基金统筹层次领域积累了大量可资借鉴的成果，研究方法上大多采用传统养老保险精算方法，从养老保险制度实现自我平衡的角度，对未来基本养老保险基金收支进行预测估算；研究内容上多数成果单独研究基本养老保险基金可持续性、地区差异或统筹问题，从多个侧面测算分析基金地区不均衡的程度和成因，提出进行全国统筹的若干路径及对策建议，并对实施中央调剂金制度所产生的效应作了研究。这些成果为本研究提供了有价值的研究基础。本书认为各地区基金地区差异以及统筹问题之间具有强相关性，现有研究未对两个关键问题作出解答：一是基于地区公平视角下运用何种指标测度基本养老保险基金地区差异；二是中央调剂金制度采用何种利益再分配原则提高地区调剂公平性。本书重点解决这两个问题。

　　第三部分研究企业职工基本养老保险基金收支地区差异。依据养老保险收支理论，测算全国 31 个省市自治区（不含港澳台）企业职工基本养老保险基金地区差异性。1. 预测各地区劳动力人口与城镇就业人口。考虑到人口老龄化程度可能在近年达到顶峰，为审慎起见，本研究仅预测 2020 年至 2025 年的情况。随着我国人口政策、新型城镇化政策的实施，各地区的人口不断发生变化，不同地区之间的人口流动也使得地区劳动人口发生变化，而就业人口与离退休人口是测算企业职工基本养老保险收支的前提，因此，对各地区就业人口变动情况与离退休人口变动情况进行描述是本书的研究基础。2. 测算企业职工基本养老保险基金地区收支对比。进行全国 31 个省市自治区（不含港澳台）企业职工基本养老保险基金收支测算，考察各地区企业职工基本养老保险基金的收支差异。

　　第四部分研究企业职工基本养老保险基金地区差异性测度指标。根据各地区基本养老保险基金收支差异与当地居民人均生活消费水平差异等因素，本项目基于总量、人均、收入端及生活成本端四个维度提出基本养老保险基金地区差异的两个测度指标：地区基本养老保险基金收支比、地区人均养老金消费比。"地区基本养老保险基金收支比"即各地区基本养老保险基金总量收支比，指的是各地区每年的企业职工基本养老保险基金收入额与支出额之比，这一指标属于总量范畴，是从总量上考察基本养老保险的运行情况；"地区人均养老金消费比"指的是各地区每年的人均养老金水平与人均生活消费水平之比，这一指标属于人均范畴，考虑不同地区退休人员的人均生活质量情况。此外，这两个指标的分子项都是收入项，分母项都是支出项，也就是说都考虑了地区的收入端和生活成本端（即支出端）。

根据上述两大指标与指标的全国平均水平进行对比，可以将我国31个省市自治区分为四大区域，重新定义企业职工基本养老保险基金地区差异。第Ⅰ类区域指基金收支比低于全国平均水平、人均养老金消费比也低于全国平均水平的地区。该类地区无论从地区整体水平还是人均水平上看，企业职工养老金收入相对支出均低于全国平均水平，国家对该地区的调剂比例应适当降低。第Ⅱ类区域指基金收支比低于全国平均水平、人均养老金消费比高于全国平均水平的地区。从地区整体水平来看，这类地区职工养老金收入与支出的相对值低于全国平均水平，但是从人均水平看，这类地区职工的人均养老金收入相对人均消费支出却高于全国平均水平。第Ⅲ类区域指基金收支比高于全国平均水平、人均养老金消费比低于全国平均水平的地区。从地区整体水平来看，这类地区职工养老金收入与支出的相对值高于全国平均水平，但是从人均水平看，这类地区职工的人均养老金收入相对人均消费支出却低于全国平均水平。对处于第Ⅱ、Ⅲ类区域的地区，国家对该地区的上解比例可保持一定力度，不必太高。第Ⅳ类区域指基金收支高于全国平均水平、人均养老金消费比也高于全国平均水平的地区。两个指标均高于全国平均水平，说明这一年该地区无论从地区整体水平还是人均水平上看，企业职工养老金收入相对支出均高于全国平均水平。对这类地区，国家对该地区的上解比例可适当降低。

第五部分研究地区公平视角下企业职工基本养老保险中央调剂金上解比例。依据第四部分地区差异两大测度指标，提出基于地区公平的基本养老保险基金中央调剂制度的调剂金筹集原则，并测算上解比例。即以我国现行中央调剂制度的调剂比例为基准，根据我国现行中央调剂制度上解比例3%设定±1%的浮动幅度，将四大区域上解比例的取值范围设定为2%至4%。

具体方式上，运用目标规划模型设立目标以及若干约束条件，设计基于地区公平的基本养老保险基金中央调剂金制度的调剂金上解原则，尝试打破上解比例的单一性，根据各地区的不同情况测算设置上解比例，并在后续年份根据各地区情况适当进行微调，以期提高调剂制度的地区公平性。经过测算，将调剂上解比例设计为四档，分别为2.5%、3%、3.5%和4%。天津、河北、辽宁等地属于第Ⅰ类区域，这些地区的企业职工基本养老保险基金收支比、人均养老金消费比均低于全国平均水平，故养老金调剂力度不宜过大，模型求解后其上解比例为2.5%。山西、黑龙江、河南等地属于第Ⅱ类区域，基本养老保险基金总量收支比低于全国平均水平，但人均养老金消费比高于全国平均水平，从基本养老保险基金总量看，养老金调剂力度不宜太大；从养老金人均水平来看，养老金调剂力度可以适当加大。因此，这类地区的养老金调剂力度应适中，模型求解后其调剂上解比例为3%，与现行调剂比例3%持平。北京、上海、浙江等地属于第Ⅲ类区域，这些地区基本养老保险基金总量收支比高于全国平均水平，但人均养老金消费比低于全国平均水平，从基本养老保险基金总量看，养老金调剂力度可稍大；从养老金人均水平来看，养老金调剂力度不宜太大。由于这类地区的基金收支比大于全国平均值，其上解比例可以略大于第Ⅱ类区域，模型求解后其调剂上解比例为 3.5%。重庆、海南、贵州等地属于第Ⅳ类区域，基本养老保险基金总量收支比和人均养老金消费比均高于全国平均水平，无论从基本养老保险基金总量还是养老金人均水平来看，这类地区的养老金调剂力度可加大一些，其上解比例应高于第Ⅲ类区域，模型求解后其调剂上解比例为 4%。

第六部分根据上述筹集比例测算结果对未来若干年中央调剂基金调剂情况进行了测试。具体而言，根据我国现行调剂公式，调整各地区基金上解比例，测算了 2020 年至 2025 年基金调剂情况。以 2020 年为例，与财政部发布的 2019 年中央调剂金预算情况相比，调剂贡献省份多了三个，调剂受益省份与 2019 年持平，没有调剂平衡省份。广东、北京、福建、山东等经济发展水平高的地区上缴下拨差额仍然居于前列，但考虑到这些地区的人均消费水平较高，其上解比例并不是最高的地区；至于黑龙江、辽宁、吉林等老工业基地，考虑到其基本养老保险基金支出与人均消费水平较高，降低了调剂金上解比例，不过仍然属于调剂收益省份，符合中央调剂要均衡地区间基本养老保险基金负担的初衷。

作为实现养老保险全国统筹的第一步，企业职工基本养老保险基金中央调剂制度建立的初衷是要均衡地区间基本养老保险基金负担，实现基本养老保险制度可持续发展。充分考虑地区之间基本养老保险基金负担不平衡问题的同时，适当考虑地区人均消费水平等支出端的不平衡问题，使得调剂"贡献"省份有所增加，各地区的调剂上解比例更趋合理，有助于提升中央调剂金制度的地区公平性。

　　本研究尚存有不足之处，各地区人口指标、经济发展指标及养老保险相关指标的数据主要根据国家统计局网站地区年度数据及各地区《人力资源和社会保障事业发展统计公报》搜集统计，在有些指标数据缺失的情况下，地区差异的测算准确性上有待提高。同时，考虑到人口老龄化程度可能在近年达到顶峰，本书仅对 2020 年至 2025 年基本养老保险基金上解下拨情况做了测算，仍需进一步测算未来更长时期的中央调剂基金各地区上解下拨情况。此外，本书提出的各地区基金上解比例测算及其调整办法，与现行中央调剂金制度的上解比例相比，打破了地区上解比例的单一性，在某种程度上增加了政策的精细度，但其政策复杂度也相应升高。在公平与效率的取舍中，应该适当加以平衡。

　　本书能够付梓出版，要感谢所有给予我帮助、给予我支持的人士。感谢首都经济贸易大学信息学院白晓明副教授，与我进行目标规划模型运用的沟通和很多细节方面的讨论；感谢首都经济贸易大学金融学院庹国柱教授、北京工商大学王绪瑾教授、中央财经大学郭丽军教授、长江养老保险股份公司副总经理段家喜博士、国务院发展研究中心金融研究所朱俊生教授对书稿内容提出的建议及肯定；感谢首都经济贸易大学在校本科生桑嘉琦同学协助进行数据搜集和初步处理。此外，感谢出版社的编辑老师们对书稿的再加工和规范处理，书稿才得以成为合格的出版物。

目　录
CONTENTS

第一章　绪论 ……………………………………………… 1

　第一节　基本养老保险基金统筹进程及问题的提出 ……… 1

　第二节　研究意义 ………………………………………… 6

　第三节　研究内容、研究思路及研究方法 ……………… 7

第二章　国内外文献研究 ………………………………… 13

　第一节　国外相关研究动态 ……………………………… 13

　第二节　国内相关研究动态 ……………………………… 19

　第三节　国内外研究评价 ………………………………… 32

第三章　企业职工基本养老保险基金收支地区差异研究 … 34

　第一节　各地区劳动力人口与城镇就业人口预测 ……… 35

　第二节　各地区企业职工基本养老保险基金收入与支出测算 …… 60

　第三节　各地区企业职工基本养老保险基金未来年份收支对比 … 84

　第四节　本章小结 ………………………………………… 87

第四章　企业职工基本养老保险基金地区差异性测度指标研究 …… 89

　　第一节　企业职工基本养老保险基金地区差异的人均因素分析 ·· 89

　　第二节　企业职工基本养老保险基金地区差异测度指标的提出 ·· 96

　　第三节　各地区企业职工基本养老保险基金收入支出比测度…… 103

　　第四节　各地区企业职工人均养老金消费比测度…………… 105

　　第五节　基于地区差异性测度指标的区域划分及调剂比例设定思路

　　　　　　………………………………………………………… 108

　　第六节　本章小结……………………………………………… 113

第五章　企业职工基本养老保险基金中央调剂金上解比例研究…… 115

　　第一节　地区公平视角下企业职工基本养老保险基金中央调剂

　　　　　　原则设定…………………………………………… 117

　　第二节　目标规划建模及约束条件设定……………………… 119

　　第三节　目标规划模型求解结果……………………………… 123

　　第四节　本章小结……………………………………………… 126

第六章　企业职工基本养老保险基金地区调剂差额测算………… 128

　　第一节　我国企业职工基本养老保险中央调剂基金预算情况 128

　　第二节　调整各地区上解比例后中央调剂基金缴拨差额测算…… 131

　　第三节　本章小结……………………………………………… 137

第七章　结束语……………………………………………………… 138

主要参考文献……………………………………………………… 143

附　表……………………………………………………………… 156

第一章

绪　论

第一节　基本养老保险基金统筹进程及问题的提出

我国企业职工基本养老保险基金的中央调剂金制度是企业职工基本养老保险迈向全国统筹之路的第一步。一直以来，企业职工基本养老保险基金的全国统筹问题是养老保险制度深化改革的热点问题和难点问题。因国情与基本制度设计不同，英国、美国、日本等国家养老保险制度在统筹问题上可供借鉴之处有限，我国统筹之路仍然任重道远。我国各地区经济发展不平衡，各地区人口数量、缴费基数、费率标准、居民待遇水平存在较大差异，从1998年正式提出"省级统筹"到2016年"十三五"规划提出"全国统筹"目标，再到党的十九大提出要尽快实现养老保险全国统筹，仅有少数地区实现严格意义上的省级统筹，例如，北京、天津、上海三个直辖市从省（市）级统筹起步，从企业统筹改为社会统筹时即在全市范围内严格按照统一的制度和统一的收缴与支付标准来统一筹集、管理和使用基本养老保险金。大多数地区还停留在建立省级调剂金阶段或市县级分割统筹状态，吉林、河北、山西、江西、湖南、福建、四川、陕西、宁夏、青海等省名义上实施省级统筹，但实施的办法不如京津沪三市规范。例如，福建省的养老基金制度规定省与地级市是结算关系，在地级市内收支平衡后再上缴一定比例的调剂金给省；四川、陕西、宁夏、江西等省是由省以各地市基金为基数收缴一定比例的调剂金，收缴比例小，调剂的力度也小；河北、吉林等省只覆盖国有企业（甚至仅限于以往的固定工），省内各地市缴费率也不一致，因此，这些省的实施办法还不能被认为是真正的省级统筹。除上述13个省市外，其余的省在1998年国务院28号文件颁布前，其基本养老保险的统筹范围均在地级市或县级市，省里只管方案与政策（江春泽、李南雄，1999）。

1998年，国务院28号文件《国务院关于实行企业职工基本养老保险省级统筹和行业统筹移交地方管理有关问题的通知》作出在全国实施省级统筹的决策，要求各省于1998年底前普遍建立省级调剂金，到2000年基本实现企业统一缴费比例；并决定将原来已实行的行业统筹按期完成移交所在地区管理。政策实施后，省内适度调剂解决地市之间基金结余不平衡的方式使得若干省份推行省级统筹（如广东、辽宁等省）遇到较大困难，由于不同级地市利益的差别，出现保证按时足额发放与资金缺口之间的矛盾。

无论从省际还是省内来看，各地区基本养老保险基金收支严重不均、各地区养老历史债务与经济发展水平不适应等现象，既阻碍全国统筹目标实现，也影响地区经济发展环境公平性。以全国社会平均工资为养老金计算基础、提高个人账户比例等几种全国统筹方案设想在各地区人均养老金支付水平差异较大的情况下缺乏可操作性，在短期内难以实施。在此背景下，中央调剂金制度是基本养老保险基金领域的重要制度创新，有利于降低基金缺口风险、缩小基金地区差异、提高基金统筹层次。

2018年7月1日，我国启动实施企业职工基本养老保险基金中央调剂制度。中央调剂基金由各省基本养老保险基金上解的资金构成，也就是从各省份的基本养老保险基金中提出一部分形成"资金池"，由中央统一调剂使用，确保基本养老金按时足额发放。各省基本养老保险基金上解额是将各省份职工平均工资的90%和在职应参保人数作为计算上解额的基数，上解比例从3%起步，逐步提高。中央调剂金的下拨实行以收定支，当年筹集的各省调剂基金上解总额全部下拨地方，中央不作留存。按照人均定额拨付的办法下拨地方，人均拨付额为当年筹集的各省上解资金总额除以全国离退休人数，然后以人均拨付额乘以各地区离退休人数来拨付资金。这一制度的目标是对基本养老保险基金在养老保险负担较轻的省份和养老保险负担较重的省份进行调剂，旨在均衡地区基金负担的差异，也达到东部发达地区支持中西部和老工业基地省份的效果。

然而，现行中央调剂金制度主要考虑了各地区基本养老保险基金的收入端和总量因素，对支出端及人均因素的考量有所忽略。

一方面，现行中央调剂基金的下拨端（支出端）仅考虑了地区离退休人员数量，未考虑地区实际生活消费水平。从我国现行中央调剂金制度的上缴下拨计算方法来看，上缴端考虑了各地区职工收入水平及应参保职工规模，下拨端考虑了各地区离退休人员规模，并以全国人均拨

3

付额这一平均水平根据各地区离退休人员规模下拨。我们知道，各地区基本养老保险基金总量收入与当地企业职工收入水平、参保职工人数密切相关，各地区基本养老保险基金总量支出则与企业职工离退休人数、当地职工社会平均工资密切相关，因此，调剂金制度的上缴端与各地区基本养老保险基金收入产生了较密切的关联，而下拨端则仅考虑了地区离退休人员数量，未考虑地区实际生活消费水平，故下拨端并未与地区基本养老保险基金支出产生实际关联。这样看来，基金收入相对高的地区通常上缴调剂金的额度也大，而基金支出相对高的地区，下拨调剂金的力度可能较小。因此，现行中央调剂金制度主要考虑了各地区基本养老保险基金的收入端因素，而对支出端的地区消费水平因素有所忽略。

另一方面，现行中央调剂金制度对各地区采取统一上解比例（目前为3%）进行筹集，然而对各地区居民人均养老金水平和人均生活消费水平等人均因素的实际差异考虑不足，可能会在地区公平性上有所缺失。近年来，在新型城镇化、全面放开二孩生育等政策影响下，各地区人口结构将进一步发生变化，基本养老保险基金的地区差异也将继续存在。各地区基本养老保险基金的收入及支出差异与各地区的城镇劳动力人口、离退休人口、城镇化率、失业率、养老保险参保率、社会平均工资及其增长率、养老保险缴费率、养老保险征缴率等因素密切相关。但是，基本养老保险基金的地区差异除了在上述指标存在差异之外，各地区的人均养老金水平（代表人均养老金收入）、人均消费水平（代表人均养老支出）也存在显著差异。因此，我们认为，研究企业职工基本养老保险基金的地区差异除了研究各地区基金收支的总量差异之外，还需要考虑各地区人均养老金水平与人均消费水平的差异，而后两者的差异，可能导致出现总量要素与人均要素的倒挂现象。首先，各地区人均养老金水平存在差异，可能导致与养老保险基金总收支的关系出现倒挂。各地区企业职工养老保险基金支出额不同，离退休人员数量不同，人均养老金水平自然不同。不过，各地区横向对比来看，基本养老保险基金支出额与人均养老金水平并非一低俱低、一高俱高。可能出现这样的情况：某地区的基本养老保险基金总收入和总支出均不高，但是如果该地区的退休人员数量较少，那么，从平均水平上看，该地区的人均养老金水平可能并不低。反之，某地区的基本养老保险基金总收入和总支出都较高，但是如果该地区的退休人员数量多，那么从平均水平上看，该地区的人均养老金水平可能就不高了。其次，各地区人均消费水平存在差异，可能导致居民生活质量与人均养老金水平的关系出现倒挂。如果某地区的人均养老金水平较高，该地区的人均消费水平也很高，而另外一个地区的人均养老金水平不高，该地的人均消费水平也相对较低，那么对比来看，前者人均养老金水平较高的地区与后者地区相比，居民的养老生活质量不见得更高，前者地区基本养老保险基金支出发放情况可能并不符合当地的人均消费水平。换一种角度来说，如果某地区的基本养老保险基金收入或支出总额很多，人均养老金水平较高（假如高于所有地区的平均水平），然而该地区的人均消费水平也高于所有地区的平均水平，可能并不应该对该地区调剂太多上解基金。

因此，分析研究我国各地区基本养老保险基金收支情况，既要从总量上进行研究，还需要对平均水平加以考察。那么，哪些指标能较直观有效地测度地区差异？中央调剂金制度采取何种制度设计可进一步实现地区相对公平的目标？研究并解答上述问题对我国基本养老保险制度深化改革有着重要意义。

第二节　研究意义

如上所述，根据各地区人口数量和结构变迁状况，探究基本养老保险基金地区差异的测度指标与中央调剂制度提高地区公平性所遵循的原则，是探索基本养老保险基金全国统筹之路的基础性课题。本研究具有如下学术价值与应用价值。

首先，本研究具有一定学术价值。本书根据"基本养老保险基金地区差异当前表现及未来趋势—基本养老保险基金地区差异测度—基本养老保险基金中央调剂制度实现地区相对公平的原则"这一逻辑主线，提出测度基本养老保险基金地区差异的关键指标，提出中央调剂金制度实现地区相对公平所遵循的利益分配原则，由此，将基本养老保险基金的地区可持续性、基金地区差异、基金统筹问题三者结合起来，具有较高的学术价值。

其次，本研究具有一定应用价值。当前我国基本养老保险基金管理仍处于各省或市、县统筹阶段，统筹层次提升一直是养老保险领域深化改革的难点问题。根据我国基本养老保险基金地区差异所呈现出来的特征，以测度养老保险基金地区差异为手段，以提高中央调剂金制度的地区公平性为目标，提出完善基本养老保险基金中央调剂金筹集比例的建议并提供实证支持，具有较高的应用价值。

第三节　研究内容、研究思路及研究方法

　　本书研究对象是基于地区公平的基本养老保险中央调剂基金制度筹集比例问题。从测算各地区基本养老保险基金地区差异入手，提出可以测度基本养老保险基金地区差异的关键指标以及提高地区公平应遵循的统筹调剂实施原则，进一步提高养老保险中央调剂金制度的地区公平性。

　　本书总体研究框架为，在人口变迁理论、养老保险基金收支理论、运筹学目标规划理论的基础上，确定各地区基本养老保险基金收支变动研究、地区差异测度指标研究、各地区调剂基金上解比例研究等内容，以实现预期研究目标。具体研究框架如图1－1所示。

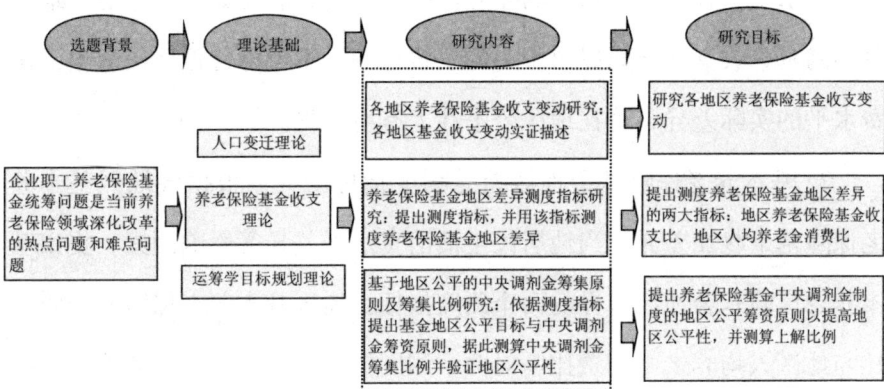

图1－1　本书总体研究框架

一、研究内容

本书的关键研究内容包括以下三个方面。

1. 我国企业职工基本养老保险基金的地区差异研究。依据人口变迁理论与养老保险精算理论，测算全国 31 个省市自治区（不含港澳台）企业职工基本养老保险基金地区差异性：①各地区劳动力人口变迁与企业职工基本养老保险基金收支测算：全面二孩政策、新型城镇化等政策的实施对各地区人口变迁产生影响，对各地区人口变动情况进行描述是本书的研究基础。测算各地区企业职工基本养老保险基金的收支差异。②企业职工基本养老保险基金地区差异影响因素研究。由测算结果分析各地区基本养老保险基金收入与支出差异，并指出基本养老保险基金地区差异的关键影响因素除了基金收支差异外，还包括各地区人均养老金水平与人均消费水平的差异。中央调剂金制度如果只考虑各地区每年的基金收支差异而提出统一的上解比例，不考虑各地区民众生活消费水平的实际差异，将在地区公平性上有所缺失。

2. 基本养老保险基金地区差异测度指标研究。根据各地区基本养老保险基金收支差异与当地居民生活消费水平差异等影响因素，提出基本养老保险基金地区差异的两个测度指标：地区基本养老保险基金收支比与地区人均养老金消费比。对两个测度指标作出定义，并测算各地区未来若干年的指标值，作为下一步划分调剂区域的基础。

3. 基于地区公平的中央调剂金筹集原则及筹集比例研究。依据基本养老保险基金地区差异的两个测度指标，提出基于地区公平的基本养老保险基金中央调剂金制度的调剂原则，即根据两个测度指标划分不同情况的调剂区域，并运用目标规划模型设定调剂目标及约束条件，求解不同调剂区域的具体上解比例，打破现行上解比例的单一性，以使中央调剂制度的地区公平性进一步提升。

二、研究思路与研究方法

本书的研究思路为"文献研究→数据搜集→实证分析→结论与建议"，具体如图 1-2 所示。

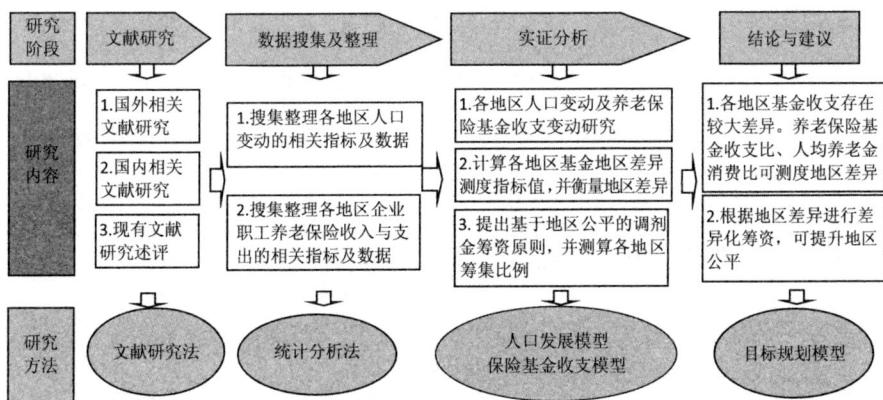

研究阶段	文献研究	数据搜集及整理	实证分析	结论与建议
研究内容	1.国外相关文献研究 2.国内相关文献研究 3.现有文献研究述评	1.搜集整理各地区人口变动的相关指标及数据 2.搜集整理各地区企业职工养老保险收入与支出的相关指标及数据	1.各地区人口变动及养老保险基金收支变动研究 2.计算各地区基金地区差异测度指标值，并衡量地区差异 3.提出基于地区公平的调剂金筹资原则，并测算各地区筹集比例	1.各地区基金收支存在较大差异。养老保险基金收支比、人均养老金消费比可测度地区差异 2.根据地区差异进行差异化筹资，可提升地区公平
研究方法	文献研究法	统计分析法	人口发展模型 保险基金收支模型	目标规划模型

图 1-2 本书研究思路图

本书研究坚持以定量分析为主、定量与定性分析相结合的研究方法。具体方法如下。

1. 采用文献研究法与统计分析法进行底层研究架构的搭建和研究数据准备。文献研究法分析综述国内外相关文献，统计分析法处理各地区人口、企业职工基本养老保险基金收支等方面的基础数据。

2. 运用劳动力人口发展模型研究各地区人口变迁情况。劳动人口数量与地区总人口、人口自然增长率、流动人口比例及劳动年龄人口比例有关。具体公式如下：

$$L_{it} = G_{i(t-1)}(1 + p_i)(1 + m_i) WA_{it}$$

式中，L_{it} 指 i 地区第 t 年劳动力人数，$G_{i(t-1)}$ 指 i 地区第 $t-1$ 年总人口，p_i 指 i 地区人口自然增长率，m_i 指 i 地区平均净流入人口比例[①]，WA_{it} 指 i 地区第 t 年劳动年龄人口比例。

3. 运用保险基金收支模型研究各地区企业职工基本养老保险基金收支情况，并提出衡量企业职工基本养老保险基金收支地区差异的两个测度指标。地区基本养老保险基金收入与当地劳动力人数、城镇化率、就业率、企业职工基本养老保险参保率及缴费率、社会平均工资及其增长率等因素有关；地区基本养老保险基金支出与当地离退休参保人数、企业职工基本养老金人均支出额等因素有关。具体计算公式如下。

（1）基本养老保险基金收入模型：

$$I_{it} = L_{it} RU_{it}(1 - RUE_{it}) RP_{it} AW_{i2017} (1 + g_i)^{t-2017} R_c$$

式中，I_{it} 表示 i 地区第 t 年企业职工基本养老保险基金收入额，L_{it} 指 i 地区第 t 年劳动力人数，RU_{it} 为 i 地区第 t 年城镇化率，RUE_{it} 为 i 地区第 t 年失业率，RP_{it} 指 i 地区第 t 年企业职工基本养老保险参保率，AW_{i2017} 指 i 地区 2017 年社会平均工资，g_i 指 i 地区近五年社会工资平均增长率，R_c 为企业职工基本养老保险缴费率。

---

① 净流入人口指流入人口减去流出人口的差额。

（2）基本养老保险基金支出模型：

$$E_{it} = (RP)_{it}(AE)_{i2017}(1 + f)^{t-2017}$$

式中，E_{it} 表示 i 地区第 t 年企业职工基本养老保险基金支出额，RP_{it} 表示 i 地区第 t 年离退休参保人数，AE_{i2017} 表示 i 地区 2017 年企业职工基本养老金人均支出额，f 表示养老金调整系数。

由收入与支出模型可获得 i 地区第 t 年的企业职工基本养老保险基金收支差额，即 $I_{it} - E_{it}$，若此值大于 0，则该地区企业职工基本养老保险基金出现结余；若此值小于 0，则该地区企业职工基本养老保险基金出现收不抵支；若此值等于 0，则该地区当年基金收支平衡。

企业职工基本养老保险基金地区差异除了体现在基本养老保险基金收支总额的差异外，还体现在人均因素差异上，即，各地区人均养老金水平与人均消费水平也存在差异。根据这一思想，本书提出衡量基本养老保险基金地区差异的两个测度指标：地区基本养老保险基金收支比与地区人均养老金消费比。

指标一：地区基本养老保险基金收支比 $\dfrac{E_{it}}{I_{it}}$，其中，E_{it} 表示 i 地区第 t 年企业职工基本养老保险基金支出额，I_{it} 表示 i 地区第 t 年企业职工基本养老保险基金收入额。

指标二：地区人均养老金消费比 $\dfrac{AC_{it}}{AE_{it}}$，其中，AC_{it} 表示 i 地区第 t 年人均生活消费水平，AE_{it} 表示 i 地区第 t 年人均养老金水平。

根据上述两个测度指标，将我国 31 个省市自治区分为四大调剂区域，重新定义企业职工基本养老保险基金地区差异。

4. 运用目标规划模型研究中央调剂金制度筹集比例的调整。

根据我国企业职工基本养老保险基金中央调剂金上解比例的现行计算方法，结合上述两个测度指标，构建目标规划模型，测算调整后的各地区上解比例，以期提高基本养老保险基金地区公平性。也就是说，每年从各地区当年企业职工基本养老保险基金收入中提取一定比例（S_{it}）上解，该比例并非一个单一值，也不是一个固定值，而是随不同地区和不同年份有所变动。我们的目标是，依据各地区基本养老保险基金收支比、人均养老金消费比的指标值，将全国 31 个省市自治区（除港澳台）划分为不同情况的调剂区域，运用目标规划模型求解，动态调整各地区上解比例，并尽量使得调剂后各地区的养老金收支基本达到平衡。

第二章

国内外文献研究

本书的研究对象是基于地区公平的基本养老保险基金中央调剂上解比例问题。从测算人口政策、城镇化政策影响下的各地区养老保险基金收支地区差异入手，提出可以测度基本养老保险基金地区不均衡性的关键指标以及提升地区公平性的中央调剂原则，探索调整各地区基本养老保险基金的上解比例。因此，本研究的文献综述主要涉及两大方面：基本养老保险基金可持续性研究、基本养老保险统筹问题研究。国内外学者对基本养老保险基金可持续性、基本养老保险统筹问题的称谓不尽相同，下面我们分别加以阐述。

第一节　国外相关研究动态

国外养老保险基金研究多见于养老保险基金偿付能力研究或养老保险基金可持续性研究，两者叫法不同，但本质相近。此外，其他国家很少涉及统筹层次问题，国外关于养老保险统筹层次研究并不多见，然而养老保险收入再分配研究成果比较丰富，我国统筹问题本质也是收入再分配问题，因此，我们综述国外基本养老保险基金偿付能力、基本养老保险基金的收入再分配两个领域的研究成果。

一、养老保险基金偿付能力研究

国外基本养老保险基金偿付能力研究可近似等同于可持续性研究。关于养老金体系可持续发展的内涵和度量，欧盟委员会于 2001 年指出，保证养老金制度可持续发展的三大原则是待遇水平充足、财务可持续以及能够适应变化；多数学者认为提供稳健充足并可持续的退休收入是养老金制度应实现的基本目标。在以上内涵的定义下，国外基本养老保险基金偿付能力的研究多集中于基金偿付能力测度方法和影响因素两方面（见表 2 - 1）。

1. 基本养老保险基金偿付能力测度方法研究

国外传统的养老保险基金定量研究方法采用保险精算模型，主要将人口结构模型与精算模型结合来测算英国、美国、匈牙利等国家基本养老保险基金偿付能力及风险（John，2006；Seidman，2003；Zsuzsa，2002），Ronald Lee 等（2003）则应用无限期模型和死亡率预测方法研究美国社会保障制度的可持续性；随着研究方法的不断演进，也有学者认为资产负债表、最低风险法等也可用于测度偿付能力（Haberman，2000；María del Carmen Boado - Penas，2008）。各国学者对不同国家养老金制度的可持续性进行了研究，例如，Charles M. Becker 等（2001）通过预测吉尔吉斯斯坦未来养老金收支，验证了其未来可持续性。

表 2-1　国外研究成果概述

研究领域	研究视角	主要观点	代表性文献
基本养老保险基金偿付能力研究	研究基本养老保险基金偿付能力测度方法	认为应将人口模型与精算模型结合起来对基本养老保险基金收支进行测度；认为资产负债表、最低风险法等可用于测度偿付能力	John（2006）；Seidman（2003）；Zsuzsa（2002）；Haberman（2000）；María del Carmen Boado-Penas（2008）
	研究基本养老保险基金偿付能力影响因素	认为投资回报率、企业缴费率、筹集方式选择、地区居民性别比差异、正式就业状况、人口年龄结构等因素影响基本养老保险基金偿付能力	Shoven（2008）；Kalemli-Ozcan & Weil（2010）；Galasso（2008）；Dirk Breeders（2013）；Richard Hemining（1999）；Yung-Ming Shiu（2005）；Peggy Hedges（2008）；Helmuth Cremer（2011）
基本养老保险基金收入再分配研究	基本养老保险基金收入再分配福利效果研究	基本养老保险基金收入再分配可以抵御通货膨胀、缩小收入差距等；OECD国家税后和收入转移后可支配收入均比市场收入分配更公平；许多第三世界国家养老保险制度没有实现其应有的收入再分配功能，不利于缩小收入差距	Disney & Johnson（2001）；Pampel & Williamson（1989）；Brown & Jacksen（2007）；Burkhauser & Warlick（1981）；Arza & Camilau（2006）；Marin Feldstein & Jeffrey B. Liebman（2002）；Borelia（2004）
	基本养老保险基金收入再分配影响因素研究	基本养老保险基金收入再分配与收入、预期寿命、工作年限、性别等因素相关联	Martin Feldstein & Jeffrey B. Liebman（2002）；Mulligan & Sala-i-Matin（1999）

2. 养老保险基金偿付能力影响因素研究

世界银行于 1994 年发布报告《防止老龄化危机》，认为现收现付制、给付确定型公共养老金在人口老龄化的背景下，不具备财政上的可持续性；在此基础上，Peter R. Oraszag（2000）认为，政府提供的公共养老金保障水平不足可能导致许多发展中国家的经济不稳定性。多数学者认为投资回报率、养老保险筹资模式、替代率、企业缴费率、老龄化程度等会影响基本养老保险基金偿付能力（Shoven，2008；Kalemli‐Ozcan & Weil，2010；Galasso，2008；Dirk Breeders，2013），认为地区居民性别比差异、正式就业状况、人口年龄结构等也会影响基本养老保险基金偿付能力（Richard Hemining，1999；Yung‐Ming Shiu，2005；Peggy Hedges，2008；Helmuth Cremer，2011）。认为若要提高公共养老系统的偿付能力，延迟法定退休年龄、提高缴费率是重要的改革途径（Cremer & Pestieau，2003；Bongaarts，2004；Vincenzo，2008；Lacomba & Lagos，2010），提高生育率也可以缓解人口老龄化对社会保障系统带来的冲击（Chesnais，1996；McDonald，2006）。

二、基本养老保险基金的收入再分配研究

提升基本养老保险基金的统筹层次本质上是各地区基本养老保险基金的收入再分配问题。公共养老保险制度的一个重要功能是收入再分配功能，而收入再分配功能的基础是实现分配的公平性。因此，公共养老金统筹层次的提升需要保证分配的公平性。卡尔多、希克斯（Kaldor，1939；Hicks，1941）的假想补偿，萨缪尔森（Samuelson，

1947）的社会福利函数，罗尔斯（Rawls，1982）的社会公平理论，戴蒙德（Diamond，1997）的政府父爱主义理论，安德森的福利国家中政府与市场的关系、帕累托改进理论，巴尔（Nicholas Barr，1993）的福利国家理论等研究成果为研究统筹层次提升的收入再分配研究提供了坚实的理论框架（闫琳琳，2012），养老保险对洛伦兹曲线和基尼系数的修正是养老保险收入再分配研究的技术框架（许志涛，2014）。

基于上述理论基础，基本养老保险基金收入再分配研究主要集中于基本养老保险基金收入再分配的福利效果和基本养老保险基金收入再分配影响因素两方面。

1. 基本养老保险基金收入再分配的福利效果研究

国外学者对不同国家的公共养老保险基金的收入再分配效果进行研究，大部分文献认为养老保险制度缩小了收入差距，提高了福利水平。例如，通过比较 OECD 国家居民人均可支配收入，认为养老保险制度可以抵抗通胀、实现福利最大化，在缩小收入差距方面比市场化收入分配更为公平（Mirrless，1971；Merton，1983；Gottchalk & Smeeding，1997；Disney & Johnson，2001；Marin Feldstein & Jeffrey B. Liebman，2002；Kathleen Mc Garry，2002）；运用内部收益率模型、持久收入模型、测算养老保险收益率等方法研究了美国、英国、意大利、阿根廷等国家养老金代际间收入再分配效应，认为养老保险制度可以缩小贫富差距（Leimer，1994；Angus Deaton，Pierre - Olivier Gourinchas & Christina Paxson，2002；Borelia，2004；Arza & Camilau，2006）；此外，养老保险制度还存在着家庭之间的收入再分配效应（Julia Lynn Coronado，Don

Fullerton & Thomas Glass，2002）。

不过，也有学者持有不同观点。Ervik（1998）认为，瑞典等北欧国家、英美等国的社会保障政策对收入分配产生了不同方向的影响效应；许多不发达国家的养老保险制度并未通过发挥收入再分配功能缩小收入差距，包括缩小代际收入差距（Burkhauser & Warlick，1981；Pampel & Williamson，1989；Disney，2001；Brown & Jacksen，2007）。

2. 基本养老保险基金收入再分配影响因素研究

有些学者从收入再分配的影响因素进行研究，指出基本养老保险基金收入再分配不仅与收入相关，还与预期寿命、工作年限、性别等因素相关（Mulligan & Sala－i－Matin，1999；Martin Feldstein & Jeffrey B. Liebman，2002）。Schnabel（1998）认为随着人均预期寿命延长以及出生率死亡率的下降，老年抚养比不断提高，现收现付制的公平性将受到不利影响；Feldstein（2005）进一步认为，资本市场的投资收益率越高，现收现付制公平性方面的效率损失就越大。Settergren，etal（2005）则认为，人口老龄化确实降低了人口增长率，不过现收现付制的分配公平性可以随着养老保险费征缴率的提高而提升，而后者则受到征税能力和征税技术进步的正向影响。总体而言，因国情不同，国外对养老保险制度收入再分配的研究集中在养老保险制度本身与市场的收入再分配功能对比上，对统筹问题涉及不多。

第二节 国内相关研究动态

国内对企业职工（或称城镇职工）基本养老保险基金的研究主要体现在三大方面：一是基本养老保险基金可持续性研究（也称为偿付能力研究）；二是基本养老保险制度统筹问题研究；三是基本养老保险基金中央调剂制度研究。根据国内现有文献，基本养老保险基金可持续性研究大体可分为全国性、地区性、地区差异三个研究视角；基本养老保险制度统筹问题的主要研究视角为统筹层次提升的影响效应、影响因素、实施路径及对策；中央调剂金制度研究大体可分为中央调剂金制度的效应研究、调剂比例测算两个研究视角（见表2-2）。

一、基本养老保险基金可持续性研究

基本养老保险基金可持续性研究有时也被称为偿付能力研究，根据现有文献，基本养老保险基金可持续性研究大体可分为全国性基本养老保险基金可持续性、地区性基本养老保险基金可持续性、基本养老保险基金可持续性的地区差异三个研究视角。

表 2-2　国内研究成果概述

研究领域	研究视角	主要观点	代表性文献
基本养老保险基金可持续性研究	研究全国基本养老保险基金可持续性	主要运用人口模型、养老金收支缺口模型、保险精算模型、状态转移矩阵等方法测算基金出现缺口的时间点；认为人口年龄结构与基本养老保险基金缺口高度相关；提出应加快推出延迟退休年龄、取消计划生育政策、扩大养老保险覆盖面、提高投资收益、调整养老待遇等对策，并验证全面二孩政策将实施推迟城镇总人口峰值出现的时间点，有利于短期内企业职工养老保险的收支平衡	于洪、曾益（2015）；梁君林等（2010）；汪泓（2013）；封铁英等（2009）；张车伟（2013）；郭永斌（2011）；蒋云赟（2013）；王平（2012）；邓大松等（2015）；刘德浩（2010）；肖严华（2010）；张冬敏等（2012）；唐运舒、吴英爽（2016）；王晓军、任文东（2013）；袁磊等（2016）
	分地区研究基金可持续性	陕西省高出生率方案比低出生率方案的基金缺口小；测算安徽省基金缺口出现时间；东省养老保险制度的债务水平及其累积趋势；测算湖南省企业职工基本养老保险基金在不同总和生育率方案下的基金缺口，认为基金收支对参保在职职工人数、缴费率、离退人员参保人数等各因素的敏感数值有差异性；测算江苏省企业职工基本养老保险基金收支状况，分析基金存在的中长期风险	张思锋（2007）；郭永芳（2011）；龚秀全（2012）；刘德浩（2010）；张冬敏、张思峰（2012）；毛广雄、颜俊（2009）；辛宝海（2012）；朱梅、张蓉（2018）；王欢（2018）

续表

研究领域	研究视角	主要观点	代表性文献
基本养老保险制度可持续性研究	基本养老保险基金地区差异研究	分析基本养老保险基金地区差异的表现和产生原因，并提出政策建议	陈娟（2009）；王晓军（2004）；蔡小慎（2009）；段誉（2010）；林治芬（2012）；丙立新（2013）
	统筹层次提升的影响效应研究	统筹层次提升在基金调剂能力，抵御偿付风险，维护社会公平，促进人才流动方面具有重要意义；逐底竞争假说得到验证；养老保险基金征缴方面的预期会降低地方政府在养老保险全国统筹的预期会降低地方政府在养老保险全国统筹的动力，中央政府必须重视地方政府在养老保险征缴方面的道德风险，并合理划分中央与地方政府的财政责任	杨宜勇、邢伟（2008）；林毓铭（2006）；韩良诚、焦凯平（1997）；吴湘玲（2006）；卢驰文（2007）；彭浩然、岳经纶、李晨烽（2018）
基本养老保险制度统筹问题研究	统筹层次提升的影响因素研究	地区差异、多主体利益摩擦，政府行为等因素是制约统筹层次提升的影响因素；认为养老保险统筹部分的统筹在现实中难以提高，主要原因是来自企业、地区，省份等各个层面的阻力	郑秉文（2007）；江春泽、李南雄（2000）；王晓军、赵彤（2006）；万春、邱长溶（2007）；何立新（2007）
	统筹层次提升的实施路径及对策研究	路径设计上，提出稳定省级统筹，一步到位实现全国统筹，渐进式实现全国统筹，"基础养老金待遇""等路径；具体对策上，提出"统分结合型"的运作模式，以全国社会平均工资为缴费及给付基础，明确财政补贴责任，降低社会统筹账户比例，划分中央政府和地方政府的"收支"责任等对策	雷晓康、席恒（2011）；肖严华（2011）；林杨毓铭（2007）；贾洪波、方情（2015）；郑秉文（2008）；郑秉文、邹丽丽（2007）；曹信邦（2009）；穆怀中、李雪、陈元刚（2010）；同琳琳（2009）；王晓军（2012）；王晓军（2006）；卢驰文（2006）；刘伟兵、韩天阔、刘二鹏、邓大松（2018）；杨燕绥、黄成凤（2018）；房连泉（2019）；周眉、刘洋（2019）

续表

研究领域	研究视角	主要观点	代表性文献
中央调剂金制度研究	中央调剂金制度效应	运用委托—代理模型分析中央政府与地方政府博弈的内在机理，提出二者博弈带来效率损失；中央调剂金制度可能产生的影响包括进一步分摊各省养老金风险，减少社会劳动供给总量，加剧市场竞争博弈等；运用队列模型建模，认为中央调剂金制度虽有利于提高西部及东部化地区基本养老保险基金的可持续性，但实际调剂效果受退休年龄、征缴率、工资水平等因素影响。加大调剂力度应综合考虑基本养老保险基金的运行现状，兼顾公平与效率	陈昱阳（2017）；白彦锋、王秀园（2018）；石晨曦、曾益（2019）；等等
	调剂比例测算	现行中央调剂金制度的调剂效果不足以解决部分地区的基金缺口，基于基金收支平衡原理，以"集中收取调剂基金，然后全部发放给有缺口的省份"为调剂制度的思路，认为调剂制度比例不宜超过缴费工资的12%，且不应大幅度调整；中央调剂金制度使内陆省份与东部沿海省份的基金调整差异化，间接上有利于促进地区间公共服务均等化	薛惠元、张寅凯（2018）；魏升民、向景、马光荣（2018）；等等

22

1. 全国性基本养老保险基金可持续性视角

任若恩等（2004）建立了中国代际核算体系，考虑到中国的实际情况，将人口按照年龄、性别和城乡三个维度并考虑社保覆盖面情况，核算结果表明我国城乡不平衡、代际不平衡很严重，建议采用延长退休年龄、改革机关事业单位养老保险制度的方法，改善两种不平衡情况。多数学者运用人口模型、养老金收支缺口模型、保险精算模型、状态转移矩阵等方法测算基金缺口的幅度和出现时间点，认为人口年龄结构与基本养老保险基金缺口高度相关，并认为基本养老保险基金制度在未来将会面临巨额支付赤字，提出应加快推出延迟退休方案和取消计划生育政策、扩大覆盖面、提高投资收益、调整养老待遇、政府建立养老金财政补贴机制等对策，并验证全面二孩政策实施将推迟城镇总人口峰值出现的时间点，认为有利于短期内企业职工养老保险的收支平衡，还可以通过推迟参保职工的退休年龄增加缴费人数、降低在职人口抚养老年人口的系数来减少未来养老金支付压力（汪泓，2008；封铁英等，2009；赵斌等，2013；王晓军、任文东，2013；雷晓康等，2013；于洪、曾益，2015；邓大松等，2015；袁磊等，2016）；运用人口预测模型和养老金收支缺口模型测算"全面二孩"政策效果，认为在政策效果悲观和折中情境下，"全面二孩"政策只是推迟了养老保险参保职工人口下降拐点出现的时间，改变不了参保职工人口下降的总体趋势，长期来看不能改变养老金缺口不断扩大的趋势（唐运舒、吴爽爽，2016）。也有学者认为扩大覆盖面短期可以确保替代率水平不再降低，但长期来看应把国有经济收益作为养老保险基金的一个稳定来源，确保养老保障制度的财务可持续性（张车伟，2013）；提高退休和领取养老金年龄、降低养老保险替代率能起到显著降低养老金缺口的作用，而提高养老保险投资收益率、提高生育率等措施作用有限（刘学良，2014）。基本养老保险制度筹资的不同模式影响基金缺口数额，研究表明若忽略现收现付制和完全积累制两种不同筹资模式的差异，将严重低估新农保资金缺口数额（李俊，2012）。顾海兵等（2012）认为应将养老金缺口相关指标增设到国家经济安全监测评估指标体系中去；而尽早对基本养老保险基金进行投资运营，并对个人账户合理分配投资收益，是当前制度改革的关键所在（张盈华，2013）。

2. 地区性基本养老保险基金可持续性视角

有的学者分省市测算了基金偿付能力，例如，测算了陕西省二孩政策对养老金债务水平的影响效应，认为陕西省高出生率方案比低出生率方案的基金缺口小（张思峰，2010），并运用分账户法精算模型，测算出四种省际人口迁移方案下陕西省基本养老保险的基金缺口规模，结论是在引入省际人口迁移因素时，基本养老保险基金缺口规模、增长速度明显降低，下降速度随人口迁入量的增加而增加（张冬敏、张思峰，2012）；郭永芳（2011）测算了安徽省基金缺口出现时间，认为实现基本养老保险制度财务可持续性应该扩大基本养老保险覆盖面、利用财政增收资金增加基本养老保险基金补助额、对现有的分类退休年龄制度进行调整等；刘德浩（2010）测算了广东省养老保险制度的债务水平及其累积趋势；朱梅、张蓉（2018）测算了湖南省企业职工基本养老保险基金在不同总和生育率方案下的基金缺口，认为三种总和生育率方案在每年都会产生基金收支当期缺口，基金收支对参保在职职工人数、缴费率、征缴率、离退人员参保人数等各因素的敏感系数具有差异性；王欢（2018）测算江苏省企业职工基本养老保险基金收支状况存在中长期风险，认为历史隐性债务处理中政府责任的缺位、缴费工资基数不实等是导致基金失衡的原因，尤其提出扩大覆盖面将灵活就业人员囊括在内在短期内可能会增加基本养老保险基金的收入，但在中长期却会导致养老金支付压力的加大；苏春红（2016）通过建立养老金精算模型，预测了 S 省企业职工养老保险基金未来年份收支缺口及其财政负担系数，认为延迟退休是一个缓解养老金支付风险的有效政策，但延迟退休政策不能完全避免养老金支付风险的发生。崔开昌（2016）则预测上海未来若干年国有资本划转比例的最优区间为 [0，4.7]，建议国有资本划转的思路和路径应考虑"分行业、分层级、分阶段、分步骤"实施，对国有资本上市公司等不同类型的国有资本进行划转，以预防基金风险。

3. 基本养老保险基金可持续性地区差异视角

有学者选取华南、东北、中部地区三个有代表性的省份（广东省、吉林省、陕西省）进行对比分析，认为不同地区的经济发展水平差异、人口结构及其变动趋势差异、基本养老保险历史债务差异导致基本养老保险基金偿付能力的地区差异（王晓军，2004），进一步来看，基本养老保险基金的历史债务是形成基本养老保险财务偿付能力地区差异的历史原因，而现行制度下人口和经济水平的差异、制度覆盖面、待遇水平和制度人口结构的差异是形成地区间基本养老保险偿付能力差距的现实原因（王晓军，2006）。此外，认为经济因素、人口结构（包括农村劳动力大规模跨区域流动）、产业结构、政治因素、政策因素、制度性缺陷、法律因素等导致养老保险基金地区差异的不同表现和产生原因

（陈娟，2009；蔡小慎，2009；刘德浩，2010；肖严华，2010；芮立新等，2013；金博轶等，2015），参保率与替代率、与人均缴费额占平均工资的比重显著相关（段誉，2010），并提出缓解基金缺口地区支付压力的对策。

二、基本养老保险基金制度统筹问题研究

基于"统筹范围的大小与抗风险能力的大小成正比"这一认识，基本养老保险基金统筹问题成为我国基本养老保险制度改革的重点。1991 年，国务院发布《关于企业职工养老保险制度改革的决定》，对我国基本养老保险基金统筹首次做出制度性规定。规定要求，各地应在适当的时间和条件成熟时，将社会养老保险由市、县统筹逐步过渡到省级统筹。1998 年，国务院 28 号文件《关于实行企业职工基本养老保险省级统筹和行业统筹移交地方管理有关问题的通知》规定，1998 年底前全国的基本养老保险基金都要实行省级统筹。2010 年，《中华人民共和国社会保险法》规定，基本养老保险基金逐步实行全国统筹，其他社会保险基金逐步实行省级统筹。全国统筹的基本养老保险基金首次被赋予法律效力。随后，国内学者对基本养老保险基金制度统筹层次进行了大量的研究，探索总结了养老保险省级统筹的形式和内容，认为基本养老保险统筹是归集和调度社保基金，包括统一制度、统一标准、统一待遇项目、统一缴费比例、统一调剂管理基金（朱金楠，2011）；并认为养老保险基金制度统筹层次问题的核心是对基本养老保险基金制度社会统筹部分资金的管理控制权，其实质是各级政府责任和权限的划分。这

些研究为养老保险基金制度统筹层次的提高提供了宝贵的借鉴。

总体而言，国内研究视角主要分为基本养老保险基金制度统筹层次提升的影响效应、影响因素、实施路径及对策三个方面。

1. 关于统筹层次提升影响效应的研究

对公平（包括形式公平和实质公平）和效率的探索是我国基本养老保险制度收入再分配与统筹层次提升的理论基础。闫琳琳（2012）认为养老保险基金制度统筹层次的提升缩小地区间的新增退休人员初次分配差异；对于新增退休人员来说，实际基础养老金地区差异小于名义上的基础养老金地区差异；当前省级统筹层次提升分配方案损害了高收入地区高物价水平地区新增退休人员基础养老金福利，未能真正体现出保证劳动者在职贡献与养老金福利给付的相对公平。因此，养老保险基金制度统筹层次提升方案应充分考虑地区间物价水平差异，确保高收入地区养老金合理地流向低收入地区，保证基础养老金分配的公平与养老金制度的可持续发展。邹铁钉等（2014）运用公平决策模型研究养老保险基金体系改革在形式公平和运行效率之间的替代效应及实质公平性，发现实施差异化的缴费政策有利于提高个人维度上的实质公平性，人口老龄化较为严重时，降低统筹比率有利于提高制度维度上的实质公平性。养老保险改革必须权衡实质公平性在个人维度和制度维度上的此消彼长，只有当提高统筹比率所带来的实质公平性在制度维度上的增加值大于在个人维度上的减少值时才是可取的。同样，只有当降低统筹比率所带来的实质公平性在个人维度上的增加值大于在制度维度上的减少值时才是可取的。

此外，多数研究认为统筹层次提升可提高基金调剂能力、抵御偿付风险、维护社会公平、促进人才流动等（杨宜勇等，2008；林毓铭，2006），认为改革后我国九大行业基本养老保险基金社会统筹部分发挥收入调节作用，缩小了各行业之间的基础养老金差距（彭浩然等，2018）；验证了我国地方政府养老保险基金征缴方面存在逐底竞争，即养老保险缴费负担过重会降低企业投资的意愿和增加企业成本，拖累地方经济增长，加上养老保险全国统筹的预期，地方政府存在降低养老保险征缴强度的动机，认为中央政府必须重视防范地方政府在养老保险基金征缴方面的道德风险，并合理划分中央与地方政府的财政责任（彭浩然等，2018）。个人账户方面，运用一般均衡分析刻画基本养老保险个人账户基金市场化运营的经济机制和经济效应，并设置了"以中低收入群体福利为标的、采取城乡分离运营"的个人账户基金市场化运营模式来统筹城乡基本养老保险（寇国明等，2008）。

2. 关于统筹层次提升影响因素的研究

郑秉文（2007）、江春泽等（2000）认为地区差异、多主体利益摩擦、各级政府之间的博弈行为是制约基本养老保险统筹层次提升的主要影响因素，其中，各省区基本养老保险历史债务、覆盖率、待遇水平增长机制、缴费率、基金投资回报率的地区差异是阻碍全国统筹进程的因素（王晓军等，2006；杨俊，2015），应降低我国企业职工基本养老保险制度中的企业缴费率，并由政府财政承担企业降低部分的缴费责任（刘长庚等，2014）。万春等（2006）构建了全国统筹精算模型预测统筹系统的平衡情况，认为养老保险统筹部分的层次在现实中难以提高，主要原因是各个层次的阻力，例如负担重的企业不愿意统筹、尚未统筹到省级的地区不愿意调剂、有资金盈余的省份不愿意统筹。雷晓康等

（2009）研究了目前省级统筹基金结算的两种运作模式（统收统支型、差额结算型），认为社保机构的垂直化管理不完善导致出现征缴不力，而分灶吃饭的财政体制影响基金上解；制度不完善和执行不到位导致征缴面窄和基金空账；同时，地区发展不平衡也成为全国统筹的绊脚石。褚福灵（2013）设计了统筹基金全国统筹和全部基金全国统筹这两种基本养老保险基金全国统筹路径。

3. 关于提升统筹层次路径的建议

在提升统筹层次的路径方面，现有文献提出了若干建议，包括稳定渐进式全国统筹路径（贾洪波、方倩，2015；林毓铭，2007），实施一步到位全国统筹路径（郑秉文，2007；郑功成，2008），实施"基础养老金待遇 + 地方附加基础养老金待遇"路径（刘伟兵等，2018），维持现行养老保险制度结构但引入调剂基金制度路径（房连泉等，2019）等；具体对策上，测算比较了以全国社会平均工资为缴费及给付基础的多种渐进式全国统筹方案（闫琳琳，2012；王晓军，2006；贾洪波等，2015）。提出"统分结合型"的运作模式、降低社会统筹账户比例、剥离地区历史债务、划分中央政府和地方政府的"收支"责任、给予福利流出地区财政性补贴、依法规范各级政府责任和打造基本养老金生产机制等建议，以避免因权责不清而引起的省际推诿内耗，消除潜在的地方博弈风险及逆向调剂效果，解决地区利益冲突问题，进而保证统筹制度的运行效率（卢驰文，2006；刘伟兵等，2018；杨燕绥等，2018；房连泉，2019；周宵等，2019）；或以较低的社会统筹账户比例首先实现基础养老金全国统筹（肖严华，2011），建立全国统一完善的基本养老保险信息系统和精算系统，明确划分中央政府和地方政府的政策制定权限（张向达，2011）；两级政府责任分担上实行上解模式，统收统支、差额结算，只有完成上解才能保证"六个统一"（统一缴费比例、统一统筹项目、统一计发办法、统一基金管理、统一业务规程和信息系统、统一经办机构）的完成，完成"六个统一"是省级统筹成功的标志（雷晓康等，2009），是建立全国统筹的养老保险制度的必要条件。也有学者认为，全国统筹的社会养老保险制度并非只能建立在全国各地区社会经济均衡发展及地区社会养老保险无显著差异的基础上，降低地区间收入再分配有利于在具有明显差距的不同地区上建立全国统筹的养老保险制度，具体途径包括剥离历史债务、建立覆盖全部城镇劳动者（包括农村进城务工人员和流动劳动人员）的养老保险制度、制度设计时将养老金缴费和待遇水平与当地工资相联系、降低社会统筹的养老保险待遇水平等（王晓军，2006）。

三、中央调剂金制度研究

由于我国基本养老保险基金中央调剂制度实施不久，目前相关研究并不丰富，概括而言，中央调剂金制度研究视角可分为中央调剂金制度效应、中央调剂金调剂比例测算两个方面。

1. 关于中央调剂金制度所产生的效应

中央调剂金制度可能产生的影响包括进一步分摊各省养老风险、减少社会劳动供给总量、加剧地方政府竞争博弈等（陈昱阳，2017）；从养老保险中央调剂金制度所带来的中央政府与地方政府的博弈出发，运用委托—代理模型分析中央政府与地方政府博弈的内在机理，认为二者博弈带来效率损失，提出由中央政府给予地方政府一定激励，以消除效率损失，实现养老保险中央调剂金制度下的激励相容（白彦锋、王秀园，2018）；构造中央调剂金制度再分配效应指标评价体系，认为该制度具有省际收入再分配和转移支付效应，但作用大小受制度参数的影响，同时存在一定"逆向调节"情况（张丽敏，2019）；运用队列要素法进行建模，认为中央调剂金制度虽有利于提高西部及低市场化地区基本养老保险基金的可持续性，但实际调剂效果受退休年龄、征缴率、工资水平等因素影响（石晨曦、曾益，2019）。统筹引起了养老金待遇水平的横向再分配，高收入地区养老金待遇水平下降，进而出现了"福利损失"（刘伟兵等，2018）；加大中央调剂力度应综合考虑基本养老保险基金的运行现状，兼顾公平与效率（石晨曦、曾益，2019）；也有学者认为，中央调剂金制度对地方养老基金结余的影响相对微弱，并不能改变各地养老保险财务走向两极分化的趋势，未来中央调剂金制度仍需要更加"精准化"的改进措施（房连泉，2019）。张勇（2019）则分析了中央调剂金制度产生调剂效应的机理，以养老基金拨付额与上解额之比构建了衡量调剂程度的指标——调剂指数，认为抚养比越高、工资水平越低的省份，获得的调剂数额就越多；抚养比指数和工资指数对调剂指数的影响程度存在很大差异，其中抚养比指数的影响程度超过了80%，而工资指数还不到20%，调整在职应参保人数的计算方式，主要是通过影响抚养比指数来影响调剂指数。

2. 关于中央调剂基金的调剂比例测算

现有研究对中央调剂基金的调剂比例进行了测算，认为现行中央调剂金制度的调剂效果不足以解决部分地区的基金缺口，基于基金收支平衡原理，以"集中收取调剂基金，然后全部发放给有缺口的省份"为调剂制度的思路，认为调剂比例不宜超过缴费工资的 12%，且不应大幅度调整调剂比例（薛惠元等，2018）；但也有学者认为，调剂比例与省际养老保险结余差距之间的关系呈"U"形变动趋势，且省际结余差距最小时对应的最优调剂比例为 4.54%，经测算，最优调剂方案赋予存量资金更多的流动性，有利于更大程度促进地区间基金负担均衡，建议将调剂比例提高至 4.5%（边恕等，2019）；金刚等（2019）则认为如果上解比例提高至 5%，制度赡养率基尼系数与现行比例相比显著下降，应将平衡省际制度赡养率差异作为政策核心目标，并把基于人均缴费水平计算调剂规模以及逐步提高上解比例作为中央调剂金制度的未来改革方向；彭浩然（2019）也认为中央调剂金最优比例应控制在 5% 左右，并从"补缺口角度"和"公平角度"提出了最优中央调剂金比例的设定原则。此外，也有学者在测算后认为，中央调剂制度使内陆省份与东部沿海省份的基金调整差异化，内陆省份公共财政对养老保险的补助压力减小，东部沿海省份的社保结余资金下降但还有净盈余，间接上有利于促进地区间公共服务均等化（魏升民等，2018）。

第三节　国内外研究评价

国内外学者在基本养老保险基金可持续性与基本养老保险基金统筹层次领域积累了大量可资借鉴的成果，为笔者提供了有价值的研究基础。研究方法上现有文献大多是在国家原有人口政策（如计划生育政策等）下，采用传统养老保险精算方法，从养老保险制度实现自我平衡的角度，对未来基本养老保险基金收支进行预测估算，且多数成果单独研究基本养老保险基金可持续性、地区差异或统筹问题。本研究认为各地区基金可持续性、地区差异以及统筹问题之间具有强相关性，在全面二孩生育等新政策出台后，各地区人口基础情况不同、生育意愿不同等，必将导致人口结构变迁的新差异，进而使各地区基本养老保险基金的地区差异呈现新特征，最终影响全国统筹路径设计。研究内容上现有成果从多个侧面测算并分析了基金地区不均衡的程度和成因，提出进行全国统筹的若干路径及对策建议，但在各地区经济发展水平仍将长期存在不平衡的前提下，以全国社会平均工资为基本养老保险给付基础、扩大个人账户比例等全国统筹方案势必会造成新的地区不均衡，短期内可操作性有限；研究了实施中央调剂金制度所产生的效应，认为中央调剂金制度可能产生的影响包括进一步分摊各省养老风险、减少社会劳动供给总量、加剧地方政府竞争博弈等。然而，现有研究未对两个关键问题作出解答：一是基于地区公平视角下运用何种指标测度基本养老保险基金地区差异；二是中央调剂金制度采用何种利益再分配原则提高地区调剂公平性。本书将从各地区人口变迁入手，理清各地区基本养老保险基金差异的当前表现及未来趋势，提炼测度企业职工基本养老保险基金地区差异的关键指标，并提出基于地区公平的中央调剂金制度利益再分配原则。

第三章

企业职工基本养老保险基金收支地区差异研究

　　近年来，在新型城镇化、全面放开二孩生育等政策影响下，各地区人口结构将进一步发生变化，基本养老保险基金的地区差异也将继续存在。也就是说，基本养老保险基金的地区差异首先体现在人口差异上，由于本书的研究对象是企业职工基本养老保险，因而，此处的人口差异主要指城镇劳动力人口与离退休人口的差异。在此基础上，各地区企业职工基本养老保险基金的差异还体现在各地区的城镇化率、失业率、养老保险参保率、社会平均工资及其增长率、养老保险缴费率、养老保险征缴率等指标的差异上，这些差异分别体现在各地区企业职工基本养老保险基金的收入与支出上，并将最终综合体现为基本养老保险基金收入与支出的地区差异。本章第一节从各地区劳动力人口数量开始，逐步推算各地区企业职工就业人口数量，第二节则测算各地区企业职工基本养老保险基金的收入与支出，第三节分析各地区企业职工基本养老保险基金收支差额的地区差异。

第一节　各地区劳动力人口与城镇就业人口预测

随着我国"单独二孩""全面二孩"人口政策以及新型城镇化政策的实施推进，各地区的人口出生率逐渐发生变化，不同地区之间的人口流动也使得地区劳动人口数量发生了相对变化，这些变化使得各地区劳动力人口数量的差异随着政策实施与时间演变而进一步发生变化，其中，就业人口与离退休人口是测算企业职工基本养老保险收支的前提，因此，对各地区就业人口变动情况与离退休人口变动情况进行描述是本研究的现实基础。考虑到人口老龄化程度可能在近年达到顶峰，为审慎起见，本研究仅预测未来 2020 年至 2025 年的情况。

一、各地区劳动力人口发展模型及预测

我们采用以下劳动力人口发展模型来预测未来各地区的劳动力人口数量。

$$L_{it} = G_{i(t-1)}(1 + p_i)(1 + m_i) WA_{it} \qquad （公式 3-1）$$

式中，L_{it} 指 i 地区第 t 年劳动力人数，$G_{i(t-1)}$ 指 i 地区第 $t-1$ 年总人口（此处指常住人口），p_i 指 i 地区人口自然增长率，m_i 指 i 地区平均净流入人口比例[①]，WA_{it} 指 i 地区第 t 年劳动年龄人口比例。

根据公式 3-1，需要对各地区人口自然增长率、各地区净流入人

---

① 净流入人口指流入人口减去流出人口的差额。

口比例、各地区劳动年龄人口比例分别进行分析和测算，具体分析如下。

1. 各地区人口自然增长率分析与测算

人口自然增长率指人口出生率减去人口死亡率。公式 3 - 1 中，我们用 p_i 表示 i 地区的人口自然增长率，i 地区人口自然增长率表示为该地区人口出生率减去人口死亡率。下面先对我国各地区人口出生率与人口死亡率分别加以分析，然后测算各地区人口自然增长率。

（1）各地区人口出生率分析

我们首先来看出生率数据与趋势。自 2016 年全面二孩政策实施后，2016 年与 2017 年这两年间，人口出生率达到短期最高，随后却有所下降。我国于 2013 年放开单独二孩政策，2016 年放开全面二孩政策，从表 3 - 1 看出，2013 年出生率相比以前年份有明显升高，2016 年出生率相比 2013 年又有所增加，然而 2017 年出生率有所下降。根据国家统计局抽样调查数据，2016 年年末中国大陆总人口（包括 31 个省、自治区、直辖市和中国人民解放军现役军人，不包括香港、澳门特别行政区和台湾地区以及海外华侨人数）138 271 万人，全年出生人口 1 786 万人，2016 年出生人口总数是 2000 年以来 16 年间最多的一年。不过，2017 年出生人口相比 2016 年开始有所回落，而 2018 年的出生人口为 1 523 万，比 2017 年下降整整 200 万，全国人口出生率则为 10.94‰，成为有记录以来的最低值。全国人口自然增长率为 3.81‰，该值也成为 1961 年以来全国人口自然增长率的最低值。这两个数据均延续了 2017 年的下降趋势。根据国家卫计委 2015 年生育意愿调查结果，与二孩政策的良好预期相比，很多家庭由于孩子的养育负担过重而不愿生育。其中，因为经济负担、太费精力和无人看护而不愿生育第二个子女的分别占到74.5%、61.1%、60.5%。育儿成本已经接近中国家庭平均收入的50%，教育支出是最主要的一个负担。此外，托育服务短缺、大城市房价攀升等问题都成了女性生育的顾虑①。

综上所述，考虑到人口政策实施的效果一般会有一定时期的滞后，我们采用2016—2017这两年的平均出生率作为各地区未来年份出生率的预测参数，长期来看较为符合我国全面放开二孩以后的长期生育现实。

下面对我国各地区人口出生率数据作简要分析。从全球来看，世界各个国家的人口出生率差别很大，全球出生率可分为五等。即：50‰以上、40‰~49‰、30‰~39‰、20‰~29‰及20‰以下。与全球水平相比，我国生育率仍处于较低的水平，所有地区均位于全球出生率最低的第五档。其中，全国31个省市自治区（不含港澳台）中，超过74%的地区出生率超过10‰，而北上广一线城市和东北三省等地的出生率则低于10‰。表3-1进一步显示，各地区的出生率差别较大，例如，黑龙江省2017年出生率为6.22‰，而福建省同一时期则为15‰，两者相差一倍以上。这可能与黑龙江省老龄化严重，并且是人口净流出省有关。从近两年的平均出生率来看，各地区基本处于6‰至17‰之间，多数地区近两年的平均出生率在13‰左右。也就是说，即使在放开全面二孩政策以后的2016年和2017年，我国人口出生率仍然处于全球出生率最低的区间。

———————————

① 数据来源为国家卫计委新闻发布会与国家统计局网站。

表 3-1　各地区历年出生率（‰）

地区	2009 年	2010 年	2011 年	2013 年	2014 年	2015 年	2016 年	2017 年	两年平均
北京市	3.5	3.07	4.02	8.93	9.75	7.96	9.32	9.06	9.19
天津市	2.6	2.6	2.5	8.28	8.19	5.84	7.37	7.65	7.51
河北省	6.5	6.81	6.5	13.04	13.18	11.35	12.42	13.2	12.81
山西省	4.89	5.3	4.86	10.81	10.92	9.98	10.29	11.06	10.68
内蒙古自治区	3.96	3.76	3.51	8.98	9.31	7.72	9.03	9.47	9.25
辽宁省	0.97	0.42	-0.34	6.09	6.49	6.17	6.6	6.49	6.55
吉林省	1.95	2.03	1.02	5.36	6.62	5.87	5.55	6.76	6.16
黑龙江省	2.06	2.32	1.07	6.86	7.37	6	6.12	6.22	6.17
上海市	2.7	1.98	1.87	8.18	8.35	7.52	9	8.1	8.55
江苏省	2.56	2.85	2.61	9.44	9.45	9.05	9.76	9.71	9.74
浙江省	4.63	4.73	4.07	10.01	10.51	10.52	11.22	11.92	11.57
安徽省	6.47	6.75	6.32	12.88	12.86	12.92	13.02	14.07	13.55
福建省	6.2	6.11	6.21	12.2	13.7	13.9	14.5	15	14.75
江西省	7.89	7.66	7.5	13.19	13.24	13.2	13.45	13.79	13.62
山东省	5.62	5.39	5.1	11.41	14.23	12.55	17.89	17.54	17.72
河南省	4.99	4.95	4.94	12.27	12.8	12.7	13.26	12.95	13.11
湖北省	3.48	4.34	4.38	11.08	11.86	10.74	12.04	12.6	12.32
湖南省	6.11	6.4	6.55	13.5	13.52	13.58	13.57	13.27	13.42
广东省	7.26	6.97	6.1	10.71	10.8	11.12	11.85	13.68	12.77
广西壮族自治区	8.53	8.65	7.67	14.28	14.07	14.05	13.82	15.14	14.48
海南省	8.96	8.98	8.97	14.59	14.56	14.57	14.57	14.73	14.65
重庆市	3.7	2.77	3.17	10.37	10.67	11.05	11.77	11.18	11.48

地区	2009 年	2010 年	2011 年	2013 年	2014 年	2015 年	2016 年	2017 年	两年平均
四川省	2.72	2.31	2.98	9.9	10.22	10.3	10.48	11.26	10.87
贵州省	6.96	7.41	6.38	13.05	12.98	13	13.43	13.98	13.71
云南省	6.08	6.54	6.35	12.6	12.65	12.88	13.16	13.53	13.35
西藏自治区	10.24	10.25	10.26	15.77	15.76	15.75	15.79	16.01	15.90
陕西省	4	3.72	3.69	10.01	10.13	10.1	10.64	11.11	10.88
甘肃省	6.61	6.03	6.05	12.16	12.21	12.36	12.18	12.54	12.36
青海省	8.32	8.63	8.31	14.16	14.67	14.72	14.7	14.42	14.56
宁夏回族自治区	9.68	9.04	8.97	13.12	13.1	12.62	13.69	13.44	13.57
新疆维吾尔自治区	10.56	10.56	10.57	15.84	16.44	15.59	15.34	15.88	15.61

资料来源：国家统计局网站数据库

（2）各地区人口死亡率分析

目前，人口老龄化成为我国严峻的社会问题，影响着我国社会、经济等各方面的发展。总体来看，人口老龄化问题成因复杂，一方面，几十年来计划生育政策的实行使我国人口的生育率降低；另一方面，社会经济发展水平的快速提高、现代医学水平的不断进步使得老年人的老年生活更好、平均寿命更高，加上我国新生儿逐渐减少，青壮年人口数量减少，这些因素导致老年人口比例不断上升。人口老龄化可能会导致人口死亡率的上升，这是因为，出生率低导致增加的人口少，而老人多则相对意味着死亡人口多，总人口数量可能不增长甚至负增长，则相当于死亡率计算公式中分母（总人口数）减小，同时分子（死亡人口数）增大，导致死亡率增大。然而，从我国人口数据来看，我国人口死亡率并未随着老龄化程度增加而增加，这与生活水平提高、医疗水平提高、人们预期寿命增加有很大关系。

　　具体来说，随着我国经济发展水平的提高以及医疗科技的发展，我国人口死亡率从新中国成立之初高达 20.0‰ 逐渐下降为 2018 年的 7.13‰①，人口预期寿命有所提高。平均预期寿命是反映人类健康水平、死亡水平的综合指标，其高低主要受社会经济条件和医疗水平等因素的制约，不同社会、不同时期有很大差别。表 3 - 2 显示了各地区历年死亡率，如果纵向对比（同一年份不同地区对比死亡率），死亡率有一定差异但差异并不大；如果横向对比（同一地区对比不同年份死亡率），各地区近五年死亡率变化不大，大部分地区近五年死亡率在 6‰ 左右，这个数值与全世界其他国家的平均死亡率相比，处于一个低死亡率的水平上。由于死亡率历年变化不大，本文采用 2013—2017 年平均死亡率这一指标数值作为各地区的未来死亡率数值。表 3 - 2 显示，各地区近五年平均死亡率基本处在 4.5‰ ~ 7.5‰ 之间，大部分地区近五年平均死亡率低于 6.5‰。

---

　　①　数据来源：国家统计局。

表 3-2　各地区历年死亡率（‰）

地区	2013 年	2014 年	2015 年	2016 年	2017 年	五年平均
北京市	4.52	4.92	4.95	5.20	5.30	4.98
天津市	6.00	6.05	5.61	5.54	5.05	5.65
河北省	6.87	6.23	5.79	6.36	6.60	6.37
山西省	5.57	5.93	5.56	5.52	5.45	5.61
内蒙古自治区	5.62	5.75	5.32	5.69	5.74	5.62
辽宁省	6.12	6.23	6.59	6.78	6.93	6.53
吉林省	5.04	6.22	5.53	5.60	6.50	5.78
黑龙江省	6.08	6.46	6.60	6.61	6.63	6.48
上海市	5.24	5.21	5.07	5.00	5.30	5.16
江苏省	7.01	7.02	7.03	7.03	7.03	7.02
浙江省	5.45	5.51	5.50	5.52	5.56	5.51
安徽省	6.06	5.89	5.94	5.96	5.90	5.95
福建省	6.01	6.20	6.10	6.20	6.20	6.14
江西省	6.28	6.26	6.24	6.16	6.08	6.20
山东省	6.40	6.84	6.67	7.05	7.40	6.87
河南省	6.76	7.02	7.05	7.11	6.97	6.98
湖北省	6.15	6.96	5.83	6.97	7.01	6.58
湖南省	6.96	6.89	6.86	7.01	7.08	6.96
广东省	4.69	4.70	4.32	4.41	4.52	4.53
广西壮族自治区	6.35	6.21	6.15	5.95	6.22	6.18
海南省	5.90	5.95	6.00	6.00	6.01	5.97
重庆市	6.77	7.05	7.19	7.24	7.27	7.10
四川省	6.90	7.02	6.94	6.99	7.03	6.98
贵州省	7.15	7.18	7.20	6.93	6.88	7.07

地区	2013 年	2014 年	2015 年	2016 年	2017 年	五年平均
云南省	6.43	6.45	6.48	6.55	6.68	6.52
西藏自治区	5.39	5.21	5.10	5.11	4.95	5.15
陕西省	6.15	6.26	6.28	6.23	6.24	6.23
甘肃省	6.08	6.11	6.15	6.18	6.52	6.21
青海省	6.13	6.18	6.17	6.18	6.17	6.17
宁夏回族自治区	4.50	4.53	4.58	4.72	4.75	4.62
新疆维吾尔自治区	4.92	4.97	4.51	4.26	4.48	4.63

资料来源：国家统计局网站数据库

（3）各地区人口自然增长率测算

人口自然增长率即为人口出生率减去人口死亡率。根据上述对各地区人口出生率和死亡率的分析及测算，我们可以计算各地区人口自然增长率。本书用各地区 2016—2017 年平均人口出生率减去各地区 2013—2017 年平均人口死亡率，得到表 3 - 3 各地区人口平均自然增长率，作为各地区未来人口自然增长率的预测值。从表 3 - 3 中看到，各地区人口平均自然增长率普遍处于 10‰以下，有些地区甚至呈现了负数。此外，在不同地区，人口自然增长率亦有较大不同，西藏、山东、新疆等地超过 10‰，而黑龙江则是负数，吉林也只有 0.38‰。从人口平均自然增长率来看，我国各地区的人口数量未来趋势有很大不同，这是我们测算基本养老保险基金收支地区差异的基础。

表 3-3　各地区人口平均自然增长率（‰）

地区	人口平均自然增长率（‰）	地区	人口平均自然增长率（‰）
北京市	4.21	湖北省	5.74
天津市	1.86	湖南省	6.46
河北省	6.44	广东省	8.24
山西省	5.07	广西壮族自治区	8.30
内蒙古自治区	3.63	海南省	8.68
辽宁省	0.01	重庆市	4.37
吉林省	0.38	四川省	3.89
黑龙江省	-0.31	贵州省	6.64
上海市	3.39	云南省	6.83
江苏省	2.71	西藏自治区	10.74
浙江省	6.06	陕西省	4.64
安徽省	7.60	甘肃省	6.15
福建省	8.61	青海省	8.39
江西省	7.42	宁夏回族自治区	8.95
山东省	10.84	新疆维吾尔自治区	10.98
河南省	6.12		

数据来源：根据国家统计局数据测算

2. 各地区平均净流入人口比例

人口是经济增长的关键要素，人口流向的变化会影响区域经济的发展。地区的净流入人口指该地区某年份流入人口与流出人口之差，地区净流入人口比例指该地区净流入人口数占户籍人口数的比例。我国各地区经济发展水平差异较大，不同地区的人口流入流出情况差异也较大。总体而言，东部发达地区的人口流入现象较为突出，西部欠发达地区、东北等地区的人口流出较为严重。近年来由于一线城市的房价高等原因，其人口净流入速度有所放缓。本书对我国 31 个省市自治区（不含港澳台）2016—2018 年的人口净流入数据进行了平均，以近三年平均净流入人口比例作为未来人口净流动的预测指标。

表 3-4 显示，北京等一线城市近年虽然采取控制人口数量发展的举措，但由于城市的巨大吸引力，仍然属于人口净流入城市。而黑龙江、贵州等东北地区、西南地区省份，则由于产业发展相对不发达，属于人口净流出地区。各地区的人口迁移现象是导致地区劳动力人口数量出现巨大差异的重要原因之一。

表 3-4　各地区 2016—2018 年平均净流入人口比例

地区	净流入人口比例（‰）	地区	净流入人口比例（‰）
北京市	2.14	湖北省	-9.48
天津市	2.67	湖南省	-10.01
河北省	-4.73	广东省	1.05
山西省	-3.02	广西壮族自治区	-8.48
内蒙古自治区	4.39	海南省	3.30
辽宁省	2.36	重庆市	-11.17
吉林省	-4.84	四川省	-10.10
黑龙江省	-6.33	贵州省	-10.64
上海市	1.75	云南省	-3.21
江苏省	4.11	西藏自治区	1.91
浙江省	4.17	陕西省	-5.12

地区	净流入人口比例（‰）	地区	净流入人口比例（‰）
安徽省	-14.07	甘肃省	-5.96
福建省	4.87	青海省	4.36
江西省	-11.63	宁夏回族自治区	3.67
山东省	-3.20	新疆维吾尔自治区	1.46
河南省	8.45		

资料来源：国家统计局网站数据

3. 各地区劳动力人口比例

劳动力人口是一个国家或地区全部人口中具有劳动能力的那部分人口，而劳动能力与人的年龄有密切关系，因此，全部人口中属于劳动适龄范围内的那部分人口，才是劳动力人口。按国际一般通用标准，15~64岁属于劳动适龄范围。劳动力人口形成一个国家或地区的劳动力资源。

根据《中华人民共和国劳动法》《中华人民共和国劳动合同法》《中华人民共和国就业促进法》等相关法律法规，我国法定劳动年龄人口指年满 16 周岁至退休年龄，并有劳动能力的中国公民。国家统计局每年会对劳动人口进行抽样，公布劳动年龄人口数量。本书根据 2013年至 2017 年国家统计局公布的各地区劳动年龄人口抽样，测算历年劳动年龄人口比例的平均水平，并以此作为未来劳动年龄人口预测的基础。

表 3-5 显示，我国各地区 2013—2017 年劳动力人口比例的平均水平基本处于 69%~79%，劳动力年龄人口占地区总人口的大部分比例，这对养老保险制度而言是有利的，说明有充足的劳动力工作来支撑老年

人的退休养老支出。不过，值得注意的是，由于人口老龄化程度的逐年加重，从 2013 年到 2017 年，大部分地区如河北、江苏、浙江、安徽等多达 25 个省市自治区的劳动力年龄人口比例是逐年下降的，尤其是北京、上海等地，五年内下降了 5 个百分点，下降趋势最快。只有贵州、云南、宁夏等地的劳动力年龄人口比例有少许增加。这一趋势进一步说明我国当前放开人口生育限制的政策是正确的，可以有效释放未来劳动力短缺的压力。

表 3 – 5　各地区历年劳动年龄人口比例及均值

地区	2013 年	2014 年	2015 年	2016 年	2017 年	近五年均值
北京市	81.50%	81.29%	79.22%	77.38%	76.59%	79.20%
天津市	77.36%	77.55%	79.57%	77.74%	77.42%	77.93%
河北省	73.03%	72.05%	71.60%	70.63%	70.24%	71.51%
山西省	76.31%	76.63%	75.76%	75.95%	75.41%	76.01%
内蒙古自治区	77.72%	77.11%	77.37%	77.76%	75.62%	77.12%
辽宁省	79.37%	77.58%	76.53%	76.14%	75.78%	77.08%
吉林省	78.58%	77.61%	77.10%	76.50%	75.37%	77.03%
黑龙江省	79.08%	79.02%	78.59%	78.01%	77.92%	78.52%
上海市	80.00%	80.21%	77.84%	77.36%	75.79%	78.24%
江苏省	74.42%	74.17%	73.75%	72.76%	72.62%	73.54%
浙江省	78.86%	78.35%	75.82%	75.42%	75.35%	76.76%
安徽省	71.01%	71.70%	71.05%	71.00%	67.91%	70.53%
福建省	74.98%	74.82%	73.42%	71.76%	71.99%	73.40%
江西省	71.29%	70.01%	69.47%	69.18%	68.64%	69.72%
山东省	73.54%	72.74%	71.99%	71.41%	69.38%	71.81%
河南省	70.31%	70.31%	69.16%	69.14%	68.30%	69.44%

续表

地区	2013 年	2014 年	2015 年	2016 年	2017 年	近五年均值
湖北省	75.15%	73.77%	73.59%	72.94%	71.95%	73.48%
湖南省	71.16%	70.83%	70.37%	69.91%	69.42%	70.34%
广东省	76.08%	75.26%	76.61%	75.57%	75.42%	75.79%
广西壮族自治区	69.24%	68.57%	67.61%	68.95%	68.00%	68.47%
海南省	73.11%	73.30%	71.74%	72.01%	71.99%	72.43%
重庆市	71.15%	70.62%	71.11%	70.58%	69.33%	70.56%
四川省	70.69%	69.80%	71.18%	70.34%	70.24%	70.45%
贵州省	68.63%	68.68%	68.08%	68.10%	68.76%	68.45%
云南省	71.96%	72.32%	72.48%	72.09%	72.67%	72.30%
西藏自治区	71.57%	69.96%	70.73%	70.99%	70.25%	70.70%
陕西省	75.09%	74.48%	74.60%	74.42%	73.27%	74.37%
甘肃省	74.20%	74.69%	73.54%	73.08%	72.13%	73.53%
青海省	72.95%	74.62%	72.84%	73.05%	72.06%	73.10%
宁夏回族自治区	72.68%	73.48%	72.54%	73.07%	73.17%	72.99%
新疆维吾尔自治区	72.80%	72.00%	71.05%	70.25%	69.84%	71.19%

资料来源：根据国家统计局网站数据整理

4. 各地区未来劳动力人口数量测算

根据上述人口出生率、死亡率、净流入比例、劳动力年龄人口比例等各项人口指标，我们可以测算各地区劳动力人口数量，而测算劳动力人口数量是本节第二部分测算企业职工就业人数的前提。下面，我们采用劳动力人口发展模型（公式 3 - 2）与总人口发展模型（公式 3 - 3）来预测未来各地区的劳动力人口数量，将上述各指标数据代入公式，得到表 3 - 6。

$$G_{it} = G_{i(t-1)}(1 + p_i)(1 + m_i) \qquad （公式3-2）$$

$$L_{it} = G_{it} WA_{it} \qquad （公式3-3）$$

公式3-2中，G_{it}指i地区第t年总人口（此处指常住人口），由 $G_{i(t-1)}$、p_i、m_i三者相乘而得，$G_{i(t-1)}$指i地区第$t-1$年总人口（此处指常住人口），p_i指i地区人口自然增长率，m_i指i地区平均净流入人口比例①。公式3-3中，L_{it}指i地区第t年劳动力人口数，WA_{it}指i地区第t年劳动年龄人口比例。

表3-6　各地区劳动人口数量预测（2020—2025年）（万人）

地区	2020年	2021年	2022	2023年	2024年	2025年
北京市	1794.68	1840.81	1888.12	1936.65	1986.43	2037.48
天津市	1286.25	1323.05	1360.90	1399.83	1439.88	1481.08
河北省	4967.65	4763.16	4567.09	4379.08	4198.82	4025.98
山西省	2685.00	2617.11	2550.94	2486.44	2423.57	2362.29
内蒙古自治区	2144.95	2247.23	2354.39	2466.66	2584.28	2707.51
辽宁省	3520.41	3603.55	3688.65	3775.76	3864.92	3956.20
吉林省	1887.60	1796.92	1710.59	1628.41	1550.18	1475.71
黑龙江省	2597.88	2432.69	2278.00	2133.15	1997.51	1870.49
上海市	1976.80	2018.21	2060.48	2103.64	2147.70	2192.68
江苏省	6452.63	6736.04	7031.91	7340.77	7663.19	7999.78
浙江省	4836.77	5069.01	5312.40	5567.47	5834.79	6114.95
安徽省	3343.75	2895.11	2506.66	2170.33	1879.13	1627.00
福建省	3236.09	3422.90	3620.49	3829.49	4050.56	4284.39

---

① 净流入人口指流入人口减去流出人口的差额。

48

续表

地区	2020 年	2021 年	2022	2023 年	2024 年	2025 年
江西省	2568.34	2286.47	2035.54	1812.15	1613.27	1436.22
山东省	6908.05	6759.50	6614.14	6471.91	6332.74	6196.56
河南省	7941.33	8665.11	9454.85	10316.57	11256.83	12282.78
湖北省	3603.51	3280.61	2986.64	2719.02	2475.37	2253.56
湖南省	3980.60	3605.28	3265.35	2957.47	2678.62	2426.06
广东省	8925.50	9093.51	9264.68	9439.07	9616.75	9797.77
广西壮族自治区	2872.36	2650.61	2445.98	2257.15	2082.90	1922.10
海南省	734.45	765.27	797.39	830.85	865.71	902.04
重庆市	1742.18	1554.34	1386.76	1237.24	1103.85	984.83
四川省	4786.26	4319.60	3898.44	3518.35	3175.31	2865.72
贵州省	1993.97	1793.64	1613.43	1451.33	1305.52	1174.35
云南省	3316.52	3231.98	3149.59	3069.30	2991.05	2914.80
西藏自治区	258.05	265.80	273.79	282.02	290.49	299.22
陕西省	2611.10	2488.91	2372.45	2261.43	2155.61	2054.73
甘肃省	1735.87	1642.45	1554.06	1470.43	1391.30	1316.43
青海省	488.18	513.74	540.64	568.95	598.74	630.09
宁夏回族自治区	549.39	574.65	601.07	628.71	657.61	687.85
新疆维吾尔自治区	1862.72	1910.67	1959.86	2010.31	2062.06	2115.14

资料来源：根据国家统计局网站数据测算

综上所述，我们预测了各地区未来若干年劳动力人口数量，以此为基础，则可以测算各地区企业职工就业人口的数量。

二、各地区企业职工就业人口预测

企业职工就业人口数量与企业职工基本养老保险基金关系密切。理论上说，企业职工就业人口数量越多，应参保人员数量就越多，如果应保尽保的话，则企业职工基本养老保险基金收入就越多。因此，测算企业职工基本养老保险基金收入的前提是测算企业职工就业人口数量。

本书所说企业职工就业人口指城镇企业职工就业人数。本节第一部分获得了各地区未来年份劳动力人口数量，要得到城镇企业职工就业人数，则需根据各地区城镇化率、地区就业率来进行测算。因此，我们采用以下模型来预测未来各地区的企业职工就业人口数量：

$$E_{it} = L_{it} RU_{it}(1 - RUE_{it}) \qquad （公式 3 - 4）$$

公式 3 - 4 中，L_{it} 指 i 地区第 t 年劳动力人数，RU_{it} 为 i 地区第 t 年城镇化率，RUE_{it} 为地区第 t 年失业率。

1. 各地区城镇化率分析与测算

城镇化是我国经济社会进一步发展的必由之路。改革开放前，由于城乡二元结构长期存在、劳动力人口就业压力巨大以及城市基础设施建设严重不足等方面的现实国情，城镇化进程较为缓慢。1949 年至 1978年这 30 年间，中国城镇人口占总人口的比重从 10.64% 增加到17.92%，平均每年提高不到 0.3 个百分点。改革开放 40 年来，中国的城镇化水平快速提升，成为中国发展中的一大奇迹。1978 年至 2018年，全国总人口增长 1.5 倍，而城镇人口增长 4.8 倍；城镇人口占总人口的比重由 17.92% 增加到 59.58%，平均每年提高 1.04 个百分点。党

的十八大明确提出实施以人的城镇化为核心、以提高城镇化质量为导向
的新型城镇化战略，短短七八年间，涉及十几亿人的新型城镇化建设取
得了重大进展。从全国来看，户籍人口城镇化率从2012年的35.33%提
高到2018年的43.37%，上升了8.04个百分点，常住人口城镇化率从
2012年的52.57%提高到2018年的59.58%，上升了7.01个百分点，
两者上升差距缩小到1.03个百分点。截至2018年底，有9 000多万农
业转移人口在城镇落户。2019年末，我国常住人口城镇化率达到
60.60%，比2018年提高了1.02个百分点；城镇常住人口84843万人，
比2018年增加了1 706万人；乡村常住人口55 162万人，比2018年减
少了1 239万人。分区域看，东部、中部、西部和东北地区常住人口城
镇化率分别比上一年末提高0.72、1.20、1.16和0.47个百分点。城镇
化发展呈现出中西部快于东部和东北地区的态势，区域间城镇化水平差
异进一步缩小。

　　以地区视角来看，31个省市自治区（不含港澳台）2014—2018年
的城镇化率如表3-7所示（指常住人口城镇化率）。具体来看，上海、
北京和天津三大直辖市的城镇化率位列前三。其中，上海市排名第一，
2014年上海城镇化率已经达到89.30%，接近90%。北京、天津紧随上
海之后排名第二、第三名。在直辖市以外，2018年广东省、江苏省的
城镇化率超过67%，其中，第一经济大省广东以69.20%的比例位居全
国第四，江苏省的城镇化率在2014年至2018年间，提升了4.72个百
分点，超越辽宁省，位居全国第五。与三大直辖市和广东、江苏等地相
比，东南沿海的两个经济发达省份浙江和福建的人口城镇化率则不算
高，分别为66.99%与63.60%。不仅如此，这五年，两省这一数值提

升的幅度也都不大，提升幅度仅略高于同期全国平均水平。这一现象与两省的产业、经济结构有关。作为区域发展较为均衡的省份，浙江、福建的乡镇经济发达，不少地方农村户口比城镇户口更具吸引力。此外，相比广东和江苏外企、国企众多的情况，浙江和福建国企占比最少，更多是以草根的民营经济为主，大多是劳动密集型产业，对技术和资本要求不高，这些企业在解决落户、社保等方面很少涉及，对人才吸引力不够。辽宁、黑龙江和吉林这三省的城镇化率在2014年至2018年间提升的幅度都不大，落后于2014—2018年全国平均增速。这是因为，东北三省在近些年人口外流严重，青壮年外流尤其明显。与之相比，西部大开发战略使得甘肃、青海、宁夏、云南等省份的城镇化率大幅提高，平均提升幅度为3%左右。

表3-7　各地区2014—2018年城镇化率及平均增长率

地区	2014年	2015年	2016年	2017年	2018年	五年平均增长率
北京市	86.20%	86.29%	86.34%	86.46%	86.52%	0.09%
天津市	81.55%	82.00%	82.27%	82.61%	82.91%	0.41%
河北省	46.80%	48.11%	49.32%	51.33%	53.32%	3.31%
山西省	51.26%	52.56%	53.78%	55.02%	56.22%	2.34%
内蒙古自治区	57.74%	58.69%	59.52%	60.29%	61.19%	1.46%
辽宁省	65.65%	66.45%	67.05%	67.37%	67.36%	0.64%
吉林省	53.70%	54.20%	54.83%	55.32%	55.98%	1.05%
黑龙江省	56.90%	57.39%	58.02%	58.79%	59.20%	1.00%
上海市	89.30%	89.61%	89.57%	87.62%	87.89%	-0.40%
江苏省	63.00%	64.11%	65.21%	66.52%	67.72%	1.82%
浙江省	63.20%	64.01%	64.87%	65.81%	66.99%	1.47%

续表

地区	2014 年	2015 年	2016 年	2017 年	2018 年	五年平均增长率
安徽省	46.50%	47.86%	49.15%	50.50%	51.99%	2.83%
福建省	59.60%	60.76%	61.80%	62.59%	63.60%	1.64%
江西省	47.51%	48.87%	50.22%	51.62%	53.09%	2.82%
山东省	52.43%	53.76%	55.01%	57.01%	59.02%	3.01%
河南省	42.43%	43.80%	45.20%	46.85%	48.50%	3.40%
湖北省	53.50%	54.51%	55.67%	56.85%	58.10%	2.08%
湖南省	46.65%	47.96%	49.28%	50.89%	52.76%	3.12%
广东省	67.40%	67.76%	68.00%	68.71%	69.20%	0.66%
广西壮族自治区	43.53%	44.82%	46.00%	47.06%	48.08%	2.52%
海南省	51.60%	52.74%	53.82%	55.10%	56.82%	2.44%
重庆市	57.00%	58.30%	59.60%	60.90%	62.60%	2.37%
四川省	43.53%	52.82%	51.24%	49.88%	48.51%	2.74%
贵州省	36.41%	37.84%	40.02%	42.01%	44.16%	4.94%
云南省	39.31%	40.47%	41.73%	43.34%	45.02%	3.45%
西藏自治区	22.75%	23.70%	25.75%	27.74%	29.56%	6.77%
陕西省	50.02%	51.30%	52.58%	53.92%	55.34%	2.56%
甘肃省	38.75%	40.12%	41.68%	43.19%	44.67%	3.62%
青海省	47.44%	48.44%	49.74%	50.34%	51.60%	2.12%
宁夏回族自治区	50.67%	51.99%	53.63%	55.24%	56.30%	2.67%
新疆维吾尔自治区	43.98%	44.48%	46.08%	47.25%	48.33%	2.39%
全国	54.77%	56.1%	57.35%	58.52%	59.58%	1.17%

资料来源：根据国家统计局网站数据整理

总体来说，由表 3-7 可以看到，2014 年到 2018 年这五年来几乎所有地区的城镇化率都逐年提高（除了上海），北京、天津近年城镇化年均增长率不到 1%，这与直辖市城镇化水平已经较高有关。其他大部分省市自治区近五年城镇化年均增长率位于 2%~3% 的区间，也有不少省份近五年城镇化年均增长率超过 3%，贵州等地年均增长率甚至超过了 4%。这与我国各地区城镇化进程的实际情况较为相符（见表 3-7）。因此，本研究以 2014—2018 年城镇化率的平均增长率作为未来各地区城镇化率的预测基础，并对 2020 年到 2025 年各地区的城镇化率进行了测算（见表 3-8）。未来若干年，东部发达地区与中西部地区的城镇化程度差异与当前相应地区的城镇化程度差异略有缩小，总体城镇化进程较为均衡。

表 3-8　各地区未来城镇化率预测（2020—2025 年）

地区	2020 年	2021 年	2022 年	2023 年	2024 年	2025 年
北京市	86.67%	86.75%	86.83%	86.91%	86.99%	87.07%
天津市	83.59%	83.94%	84.29%	84.63%	84.98%	85.33%
河北省	56.91%	58.80%	60.75%	62.76%	64.84%	66.99%
山西省	58.88%	60.25%	61.66%	63.10%	64.57%	66.08%
内蒙古自治区	62.99%	63.91%	64.85%	65.79%	66.76%	67.73%
辽宁省	68.23%	68.67%	69.11%	69.56%	70.01%	70.46%
吉林省	57.16%	57.76%	58.36%	58.97%	59.59%	60.21%
黑龙江省	60.38%	60.99%	61.59%	62.21%	62.82%	63.45%
上海市	87.20%	86.85%	86.51%	86.16%	85.82%	85.48%
江苏省	70.21%	71.49%	72.80%	74.12%	75.47%	76.85%
浙江省	68.98%	69.99%	71.02%	72.06%	73.12%	74.19%

地区	2020 年	2021 年	2022 年	2023 年	2024 年	2025 年
安徽省	54.97%	56.52%	58.12%	59.76%	61.45%	63.19%
福建省	65.71%	66.78%	67.88%	68.99%	70.12%	71.27%
江西省	56.12%	57.71%	59.33%	61.00%	62.72%	64.49%
山东省	62.62%	64.51%	66.44%	68.44%	70.50%	72.62%
河南省	51.85%	53.62%	55.44%	57.32%	59.27%	61.29%
湖北省	60.54%	61.80%	63.09%	64.40%	65.74%	67.11%
湖南省	56.10%	57.85%	59.66%	61.52%	63.45%	65.43%
广东省	70.11%	70.58%	71.04%	71.51%	71.98%	72.46%
广西省	50.53%	51.80%	53.10%	54.44%	55.81%	57.21%
海南省	59.62%	61.07%	62.56%	64.08%	65.64%	67.24%
重庆市	65.60%	67.16%	68.75%	70.38%	72.05%	73.76%
四川省	51.20%	52.61%	54.05%	55.53%	57.06%	58.62%
贵州省	48.64%	51.04%	53.57%	56.22%	59.00%	61.91%
云南省	48.18%	49.84%	51.56%	53.34%	55.18%	57.09%
西藏自治区	33.70%	35.97%	38.41%	41.01%	43.78%	46.74%
陕西省	58.20%	59.69%	61.22%	62.78%	64.39%	66.04%
甘肃省	47.97%	49.70%	51.50%	53.37%	55.30%	57.30%
青海省	53.82%	54.96%	56.13%	57.32%	58.54%	59.78%
宁夏回族自治区	59.34%	60.92%	62.55%	64.22%	65.93%	67.69%
新疆维吾尔自治区	50.67%	51.88%	53.11%	54.38%	55.68%	57.01%

资料来源：根据国家统计局网站数据整理

2. 各地区就业率分析与测算

就业事关民众切身利益，事关国家发展大局和社会和谐稳定。就业是"最大的民生工程、民心工程、根基工程"。近年来，我国克服经济增速下行带来的困难，保持了就业形势的持续稳定，实现了比较充分的就业。主要表现在以下几个方面[①]。一是就业规模不断扩大。2013—2018年，城镇新增就业人数连续6年保持1300万人以上，2018年末全国就业人员总量达7.76亿人，失业率保持低位运行。二是就业结构持续优化。第三产业吸纳就业能力显著增强，三次产业就业人数占比从2013年的31.4∶30.1∶38.5，调整为2018年的26.1∶27.6∶46.3，"倒金字塔型"就业结构形成。三是城乡就业格局发生历史性转变。2014年城镇就业人员比重首次超过乡村，2018年占比达56.0%，比2012年提高7.6个百分点。四是重点群体就业保持稳定。应届高校毕业生就业和创业人数连年实现双增长，年底总体就业率始终保持在90%以上。年均帮扶超过550万失业人员再就业，超过170万困难人员实现就业。五是就业质量稳步提升。劳动者就业渠道更加多元，工资收入稳步提高。企业用工日益规范，劳动者合法权益得到有效维护，社会保险覆盖范围不断扩大，保障水平逐步提高。

就业率＝1－失业率。调查失业率与登记失业率相比，前者更为客观，但调查失业率从2018年才开始被纳入经济预期目标，以往衡量就业的指标一直采用登记失业率。因此，我们采用国家统计局网站数据公布的各地区历年城镇人口失业率来衡量并测算各地区就业率情况。从数

---

① 资料来源：国家人力资源和社会保障部网站。

据来看（见表 3 - 9），大部分地区的失业率在 3%、4% 左右，2013—2017 年失业率升高的地区数与失业率降低的地区数基本持平，从全国来看总体变化趋势不大。因此，我们取各地区 2013—2017 年失业率数据平均水平作为各地区未来失业率的参考，并依此计算各地区的未来就业率。

表 3 - 9　各地区 2013—2017 年城镇失业率及就业率（%）

地区	2013 年	2014 年	2015 年	2016 年	2017 年	五年平均	1 - 失业率
北京市	1.2	1.3	1.4	1.4	1.4	1.34	98.66
天津市	3.6	3.5	3.5	3.5	3.5	3.52	96.48
河北省	3.7	3.6	3.6	3.7	3.7	3.66	96.34
山西省	3.1	3.4	3.5	3.5	3.4	3.38	96.62
内蒙古自治区	3.7	3.6	3.7	3.7	3.6	3.66	96.34
辽宁省	3.4	3.4	3.4	3.8	3.8	3.56	96.44
吉林省	3.7	3.4	3.5	3.5	3.5	3.52	96.48
黑龙江省	4.4	4.5	4.5	4.2	4.2	4.36	95.64
上海市	4	4.1	4	4.1	3.9	4.02	95.98
江苏省	3	3	3	3	3	3	97
浙江省	3	3	2.9	2.9	2.7	2.9	97.1
安徽省	3.4	3.2	3.1	3.2	2.9	3.16	96.84
福建省	3.6	3.5	3.7	3.9	3.9	3.72	96.28
江西省	3.2	3.3	3.4	3.4	3.3	3.32	96.68
山东省	3.2	3.3	3.4	3.5	3.4	3.36	96.64
河南省	3.1	3	3	3	2.8	2.98	97.02
湖北省	3.5	3.1	2.6	2.4	2.6	2.84	97.16
湖南省	4.2	4.1	4.1	4.2	4	4.12	95.88

地区	2013 年	2014 年	2015 年	2016 年	2017 年	五年平均	1－失业率
广东省	2.4	2.4	2.5	2.5	2.5	2.46	97.54
广西壮族自治区	3.3	3.2	2.9	2.9	2.2	2.9	97.1
海南省	2.2	2.3	2.3	2.4	2.3	2.3	97.7
重庆市	3.4	3.5	3.6	3.7	3.4	3.52	96.48
四川省	4.1	4.2	4.1	4.2	4	4.12	95.88
贵州省	3.3	3.2	3.2	3.2	3.2	3.26	96.74
云南省	4	4	4	3.6	3.2	3.76	96.24
西藏自治区	2.5	2.5	2.5	2.6	2.7	2.56	97.44
陕西省	3.3	3.3	3.4	3.3	3.3	3.32	96.68
甘肃省	2.3	2.2	2.1	2.2	2.7	2.3	97.7
青海省	3.3	3.2	3.2	3.1	3.1	3.18	96.82
宁夏回族自治区	4.1	4	4	3.9	3.9	3.98	96.02
新疆维吾尔自治区	3.4	3.2	2.9	2.5	2.6	2.92	97.08

资料来源：根据国家统计局网站数据整理

表 3-9 最后一列显示，大多数地区的未来就业率水平位于 96% ～ 98%，北京就业率最高（98.66%），黑龙江就业率最低，但也达到 95.64%。这说明，虽然我国处于经济结构调整、产业转型升级过程中，结构性就业矛盾和就业压力凸显，但是我们坚持把稳定和扩大就业作为经济运行合理区间的下限，创新实施区间调控、定向调控、精准调控等宏观调控方式，稳定了经济增长，夯实了就业的基本盘。我国经济保持平稳健康的发展态势，在世界范围内仍居前列。随着经济总量的持续增加，经济对就业的拉动能力相应增强，也带动了就业容量不断扩大。因

此，总体来看，我国就业形势仍然稳定向好，就业率较高。

3. 各地区企业职工就业人口数量测算

本书所称企业职工就业人口数量，指城镇中实际就业的劳动力人口数量，这个指标由劳动力人口数量与城镇化率、就业率相乘而得来。因此，我们采用以下公式来预测未来各地区的企业职工就业人口数量（见表 3－10）。

$$E_{it} = L_{it} RU_{it}(1 - RUE_{it}) \qquad （公式 3 - 5）$$

公式 3－5 中，L_{it} 指 i 地区第 t 年劳动力人口数量，RU_{it} 为 i 地区第 t 年城镇化率，RUE_{it} 为地区第 t 年失业率。

表 3－10　各地区企业职工就业人口数量测算（2020—2025 年）（万人）

地区	2020 年	2021 年	2022 年	2023 年	2024 年	2025 年
北京市	1534.69	1575.58	1617.56	1660.65	1704.90	1750.32
天津市	1037.37	1071.46	1106.67	1143.03	1180.59	1219.39
河北省	2723.76	2698.20	2672.88	2647.80	2622.95	2598.33
山西省	1527.39	1523.55	1519.71	1515.89	1512.07	1508.26
内蒙古自治区	1301.70	1383.70	1470.88	1563.54	1662.04	1766.74
辽宁省	2316.50	2386.49	2458.60	2532.89	2609.42	2688.26
吉林省	1040.97	1001.33	963.19	926.51	891.23	857.29
黑龙江省	1500.31	1418.90	1341.90	1269.09	1200.22	1135.09
上海市	1654.42	1682.38	1710.81	1739.72	1769.12	1799.02
江苏省	4394.64	4671.29	4965.36	5277.94	5610.20	5963.38
浙江省	3239.49	3444.88	3663.30	3895.57	4142.56	4405.21
安徽省	1779.84	1584.60	1410.77	1256.01	1118.23	995.56
福建省	2047.17	2200.83	2366.03	2543.62	2734.54	2939.79

续表

地区	2020 年	2021 年	2022 年	2023 年	2024 年	2025 年
江西省	1393.62	1275.61	1167.60	1068.73	978.24	895.41
山东省	4180.73	4213.78	4247.08	4280.65	4314.48	4348.58
河南省	3995.10	4507.39	5085.37	5737.47	6473.18	7303.23
湖北省	2119.66	1969.90	1830.72	1701.38	1581.17	1469.46
湖南省	2141.19	1999.87	1867.87	1744.58	1629.44	1521.89
广东省	6104.05	6260.00	6419.93	6583.95	6752.16	6924.66
广西壮族自治区	1409.22	1333.14	1261.16	1193.08	1128.66	1067.73
海南省	427.79	456.61	487.36	520.19	555.22	592.62
重庆市	1102.69	1007.13	919.84	840.12	767.31	700.81
四川省	2349.75	2178.82	2020.32	1873.35	1737.07	1610.71
贵州省	938.22	885.69	836.10	789.28	745.09	703.37
云南省	1537.89	1550.39	1562.99	1575.69	1588.50	1601.41
西藏自治区	84.72	93.17	102.47	112.69	123.93	136.29
陕西省	1469.30	1436.37	1404.17	1372.70	1341.93	1311.85
甘肃省	813.51	797.60	782.00	766.71	751.72	737.01
青海省	254.37	273.38	293.81	315.76	339.35	364.71
宁夏回族自治区	313.03	336.16	360.99	387.66	416.30	447.05
新疆维吾尔自治区	916.22	962.24	1010.57	1061.33	1114.64	1170.62

资料来源：国家统计局网站数据

第二节　各地区企业职工基本养老保险基金收入与支出测算

上一节我们考虑了国家实施推进全面二孩生育政策、新型城镇化政策等对各地区人口变迁、城镇就业人口的影响，并对各地区未来几年的城镇就业人口数量做了预测。城镇就业人口数量直接影响着各地区企业职工基本养老保险基金的收入与支出，因而，在此基础上，我们进行全国 31 个省市自治区（不含港澳台）企业职工基本养老保险基金收支测算，并考察各地区企业职工基本养老保险基金的收支差异。

一、各地区企业职工基本养老保险基金收入模型及测算

各地区企业职工基本养老保险基金收入与该地区劳动力人口数量、城镇化率、失业率、企业职工参保率、企业职工社会平均工资、企业职工基本养老保险缴费率以及企业职工基本养老保险当地征缴率有密切关系。具体来说，我们运用下列公式测算各地区未来几年企业职工基本养老保险基金收入。

$$I_{it} = L_{it} RU_{it} (1 - RUE_{it}) RP_{it} AW_{i2017} (1 + g_i)^{t-2017} R_p R_c$$

（公式 3-6）

其中，I_{it} 表示 i 地区第 t 年企业职工基本养老保险基金收入；L_{it} 指 i 地区第 t 年劳动力人口数量；RU_{it} 为 i 地区第 t 年城镇化率；RUE_{it} 为 i 地区第 t 年失业率；RP_{it} 指 i 地区第 t 年企业职工基本养老保险参保率；AW_{i2017} 指 i 地区 2017 年企业职工社会平均工资[①]；g_i 指 i 地区 2013—2017 年社会平均工资的平均增长率，R_p 为各地区企业职工基本养老保险缴费率，R_c 为各地区企业职工基本养老保险征缴率。

[①] 此处采用 2017 年企业职工社会平均工资的原因是，本书完成之际，国家统计局网站上此项数据只更新到 2017 年。

由于上一节已经对各地区 2013—2017 年劳动力人口数量、城镇化率、失业率进行了分析测算，下面主要对后续指标包括参保率、社会平均工资、缴费率、征缴率进行分析及测算。

1. 各地区企业职工养老保险参保率分析与测算

企业职工养老保险参保率指实际参加养老保险的人数占应参加人数的百分比。由于 31 个省市自治区（不含港澳台）的应参保人数不易获得，我们用城镇在职职工总人数来近似替代应参保人数。因此，各地区的企业职工养老保险参保率是由各地区的城镇在职职工参保人数[①]除以城镇在职职工总人数[②]来近似获得。由表 3 – 11 可见，各地区企业职工养老保险参保率差距明显。有研究显示，地区人均 GDP 对参保率的影响非常显著。因此，各地参保率存在差异与不同地区经济发展水平不平衡有很大关系。例如，安徽省、重庆市等地 2017 年参保率均不到 50%，而同年北京、天津等地参保率达到 85% 以上。此外，从表 3 – 11 逐年数据来看，大部分地区的参保率是逐年上升的，但有的地区在某一年份的参保率相比前几年有所下降，例如，北京市 2017 年参保率与 2013 年相比，下降了 8.44%；而有的地区在某一年份的参保率超过了 100%，如辽宁省 2017 年参保率达到了 111.59%。为平滑近几年来由于各地政策或统计口径等原因导致的参保率变动幅度差异过大并消除异常数据的影响，我们把各地区 2013—2017 年参保率的平均水平作为测算各地区

---

① 各地区城镇在职职工参保人数见附表 1。

② 城镇在职职工总人数包括城镇国有企业、集体企业、私营企业等在职职工人数总和。各地区城镇国有企业、集体企业在职职工人数见附表 2，各地区城镇私营企业在职职工人数见附表 3。

未来几年企业职工养老保险参保率的基础。

表 3－11　各地区 2013—2017 年企业职工参保率

地区	2013 年	2014 年	2015 年	2016 年	2017 年	五年平均水平
北京市	93.85%	88.89%	83.88%	86.09%	85.41%	87.62%
天津市	81.02%	84.64%	84.73%	92.54%	93.71%	87.33%
河北省	79.33%	88.20%	88.68%	87.96%	99.49%	88.73%
山西省	70.66%	71.33%	71.98%	72.13%	70.75%	71.37%
内蒙古自治区	50.18%	44.97%	51.89%	58.08%	56.05%	52.23%
辽宁省	90.01%	87.10%	95.37%	103.51%	111.59%	97.51%
吉林省	58.16%	57.21%	54.81%	55.14%	65.16%	58.09%
黑龙江省	74.39%	80.39%	94.15%	88.80%	88.80%	85.31%
上海市	94.96%	87.45%	84.10%	82.81%	78.64%	85.59%
江苏省	62.47%	60.79%	59.46%	56.34%	55.43%	58.90%
浙江省	95.02%	89.97%	75.00%	69.11%	69.97%	79.81%
安徽省	56.75%	50.71%	48.14%	45.41%	49.30%	50.06%
福建省	60.16%	58.16%	55.40%	53.17%	52.16%	55.81%
江西省	67.27%	61.46%	58.93%	66.02%	66.80%	64.09%
山东省	87.71%	87.36%	89.77%	92.40%	94.15%	90.28%
河南省	66.73%	63.58%	62.49%	69.03%	64.08%	65.18%
湖北省	62.41%	55.85%	55.91%	57.91%	65.16%	59.45%
湖南省	60.79%	54.67%	52.85%	79.45%	78.56%	65.26%
广东省	103.43%	106.96%	102.54%	96.80%	85.56%	99.06%
广西壮族自治区	52.20%	50.68%	49.59%	56.73%	57.35%	53.31%
海南省	80.07%	77.53%	77.01%	65.90%	66.98%	73.50%
重庆市	54.83%	51.73%	47.68%	48.96%	47.30%	50.10%
四川省	82.64%	79.64%	65.04%	71.76%	112.23%	82.26%

续表

地区	2013 年	2014 年	2015 年	2016 年	2017 年	五年平均水平
贵州省	54.56%	55.96%	59.44%	64.23%	81.78%	63.19%
云南省	32.36%	32.54%	47.59%	56.67%	50.90%	44.01%
西藏自治区	13.87%	14.51%	12.57%	12.96%	27.14%	16.21%
陕西省	61.16%	59.19%	59.38%	60.63%	70.95%	62.26%
甘肃省	44.56%	42.64%	41.73%	41.34%	57.25%	45.50%
青海省	54.99%	56.04%	58.57%	69.53%	64.78%	60.78%
宁夏回族自治区	79.02%	72.29%	66.66%	73.97%	77.18%	73.82%
新疆维吾尔自治区	68.46%	63.81%	59.79%	69.35%	47.99%	61.88%

资料来源：根据国家统计局网站数据测算

表 3 - 11 显示，从 2013 年至 2017 年这五年平均参保率来看，北京、上海、天津三大直辖市以及广东、山东等沿海省份的参保率均在 80% 甚至 90% 以上，而新疆、西藏、甘肃等地的参保率在 60% 以下。城镇职工基本养老保险基金参保率仍然存在较大差异，这与我国实际情况是相符的。

2. 企业职工基本养老保险缴费率

为使我国企业特别是小微企业社保缴费负担有实质性下降，2019 年政府工作报告提出，我国要明显降低企业社保缴费负担，下调企业职工基本养老保险单位缴费比例，各地区可降至 16%。并且，稳定现行征缴方式，各地区在征收体制改革过程中不得采取增加小微企业实际缴费负担的做法，不得自行对历史欠费进行集中清缴。实际上，近几年来我国不断出台相关文件降低职工基本养老保险单位的缴费比例。例如，2016

年我国人力资源和社会保障部、财政部联合发布《关于阶段性降低社会保险费率的通知》，规定从 2016 年 5 月 1 日起，企业职工基本养老保险单位缴费比例超过 20% 的省（区、市），将单位缴费比例降至 20%；单位缴费比例为 20% 且 2015 年底企业职工基本养老保险基金累计结余可支付月数高于 9 个月的省（区、市），可以阶段性将单位缴费比例降低至 19%，降低费率的期限暂按两年执行。由此来看，近几年来我国企业职工基本养老保险单位缴费的比例约为 19%，而 2019 年开始，这一比例降至 16%。下降的 3 个百分点可以称是 2019 年政府工作报告中企业减税降费部分最大的亮点，能够极大地降低企业的社保负担，降低企业劳工成本。本书按照新政策规定的单位缴费比例 16% 与个人缴费比例 8% 相加，即 24%，作为各地区企业职工基本养老保险的未来缴费率。

3. 企业职工基本养老保险征缴率

基本养老保险的征缴率直接影响基本养老保险制度的实施效果。为贯彻落实《中华人民共和国社会保险法》，各省市纷纷出台关于加强基本养老保险征缴工作的实施意见，总体来看，目前我国基本养老保险费采用双重主体征收体制，全国各省（自治区、直辖市）可以选择社保经办机构或地税部门作为当地基本养老保险征缴机构。2010 年颁布的《中华人民共和国社会保险法》第五十九条第二款提出"社会保险费实行统一征收"，但仍没有解决社会保险费双重主体征收体制问题。2015 年中央办公厅、国务院办公厅印发《深化国税、地税征管体制改革方案》（中办发〔2015〕56 号），提出"明确地税部门对收费基金等的征管职责"要求，但省级社会保险费征管由社保机构转变为地税机构，仍然只有极少数地区实现。

目前，在社会保险费实际征缴工作中，各省市自治区（不含港澳台）形成了不同的具体模式。一是"社保征缴"模式，是以社保经办机构为征管主体，比如有些省市的社保经办机构只负责征收养老保险费，其余费种如生育保险费等由其他相关部门征收。二是"社保地税分征"模式，指地税部门和社保经办机构按照社会保险费的不同项目分别征收。有的省市地税部门只负责征收基本养老保险，其余费种仍由社保经办机构征收，如青海省地税部门只负责征收企业职工基本养老保险和失业保险；湖南省、陕西省、内蒙古自治区地税部门只负责征收养老、医疗和失业保险，其余费种均由社保经办机构负责征收。三是"地税征缴"模式，指以地税部门为征管主体，具体征缴方式包括"社保核定、地税代征"与"地税全责征收"两种方式。例如采用"社保核定、地税代征"方式的有湖北、江苏、海南等。考虑到本项目的研究目的，同时考虑到地税部门较短的全责征收时间，我们将这些模式合并为一个整体，考察各地区企业职工基本养老保险征缴率（李波等，2017）。

由上述分析可知，企业职工养老保险征缴率可以反映一个地区征管机构的征收效率。征缴率的具体计算公式如下：

企业职工基本养老保险征缴率 = （当年企业职工基本养老保险实际征缴额÷当年企业职工基本养老保险应征额）×100%

= ［当年企业职工基本养老保险实际征缴额÷（当年城镇单位就业人员平均工资×当年企业职工参加养老保险人数×当年缴费率）］×100%　　　　　　　　　　　　　　　　　　　　　　（公式 3 - 7）

公式 3 - 7 中（李波等，2017），企业职工基本养老保险实际征缴额数据来自各地区《人力资源和社会保障事业发展统计公报》，各地区城镇单位就业人员平均工资、企业职工参加养老保险人数等数据来自国家统计局网站（附表 1、附表 3 ~ 附表 6）。根据公式 3-9，代入上述指标 2013 年至 2017 年的数据，可得各地区企业职工基本养老保险征缴率。需要注意的是，由于有些地区《人力资源和社会保障事业发展统计公报》中缺失实际征缴额数据以及某些地区缺失某年度实际征缴额数据，故此处采用各年度的地区征缴率平均值近似代替各地区企业职工基本养老保险征缴率（见表 3-12）。

表 3-12 各地区企业职工基本养老保险征缴率

年 度	2013	2014	2015	2016	2017	近五年平均水平
征缴率均值	81.80%	82.40%	83.11%	84.55%	86.11%	83.59%

资料来源：根据国家统计局网站、各地区《人力资源和社会保障事业发展统计公报》及相关公开资料整理

4. 各地区企业职工社会平均工资预测

社会平均工资是政府部门计算基本养老保险等各项保险缴费的缴费基数。"社会平均工资"也被称为"职工平均工资"，指企业、事业、机关单位的职工在一定时期内平均每人所得的货币工资额。按照国家统计局的统计标准，工资总额是指这些单位在一定时期内直接支付给本单位全部职工的劳动报酬总额，包括计时工资、计件工资、奖金、津贴和补贴、加班加点工资、特殊情况下支付的工资，不论是否计入成本，不论是以货币形式还是以实物形式支付，均包括在工资总额内，一般统计的是个人税前工资。

本书所指企业职工指在国有企业、集体企业、私营企业等城镇单位工作的职工，故企业职工社会平均工资应是包括以上所有职工工资收入的平均值。根据国家统计局数据，我们根据2013—2017年城镇单位（不含城镇私营单位）就业人员、城镇私营单位就业人员的平均工资及人数（见附表3~附表6），计算各地区2013—2017年企业职工社会平均工资。根据2013—2017年企业职工社会平均工资，我们得到企业职工社会平均工资年均增长率（见表3-13）。

表3-13　各地区2013—2017年企业职工社会平均工资（元）及年均增长率

地区	2013年	2014年	2015年	2016年	2017年	年均增长率
北京市	76739.07	81403.21	87625.52	94851.1	102767.8	7.57%
天津市	59919.27	64686.16	70731.99	75105.95	79653.11	7.38%
河北省	36194.67	40159.51	44178.2	46975.23	50169.9	8.50%
山西省	40130.07	41922.58	43546.33	43757.13	47200.58	4.14%
内蒙古自治区	41474.4	42518.58	44537.32	46266.93	47438.25	3.42%
辽宁省	38316.91	40097.22	43395.19	45692.46	48019.2	5.80%
吉林省	33243.84	35520.57	37865.14	41139.35	44924.58	7.82%
黑龙江省	33475.99	36531.27	41391.52	43137.81	45133.85	7.76%
上海市	67218.2	72877.63	76887.68	83171.28	88547.71	7.13%
江苏省	46167.62	49881.8	53585.56	56793.08	59976.96	6.76%
浙江省	46259.31	49607.16	51942.7	56271.83	60478.74	6.93%
安徽省	39304.68	42194.1	44432.62	46509.97	49281.04	5.82%
福建省	43429.57	47594.69	50488.24	53231.8	56592.05	6.84%
江西省	35836.38	38312.64	41807.16	45783.08	49684.85	8.51%
山东省	42290.39	46597.15	51495.47	56359.99	60928.51	9.56%

地区	2013 年	2014 年	2015 年	2016 年	2017 年	年均增长率
河南省	34004.33	36970.77	39643.85	42466.2	46176.66	7.95%
湖北省	35399.85	38463.81	41664.05	46085.23	49910.01	8.97%
湖南省	34868.93	37594.85	40510.05	47551.94	50837.55	9.88%
广东省	45798.71	50091.02	53909.3	57613.39	62544.78	8.10%
广西壮族自治区	35917.76	39072.48	43559.2	45794.04	49336.13	8.26%
海南省	36788.04	40118.72	45529.15	49507	54314.49	10.23%
重庆市	42016.83	46362.9	50157.62	53416.37	56703.12	7.78%
四川省	41112.21	43418.52	44972.39	48479.42	57255.03	8.63%
贵州省	40806.96	45210.62	50587.56	55816.03	59099.99	9.70%
云南省	34841.2	38923.46	46908.61	50960.06	55215.33	12.20%
西藏自治区	23717.82	24938.51	33179.43	27950.17	29180.27	5.32%
陕西省	39612.05	42361.41	45379.65	48545.48	51667.06	6.87%
甘肃省	35554.33	38736.37	43206.99	47439.42	50920.63	9.40%
青海省	40383.13	44745.72	47394.82	50200.69	53383.29	7.23%
宁夏回族自治区	42391.07	43909.36	46875.25	48920.45	50842.2	4.65%
新疆维吾尔自治区	43383.84	46413.94	49991.36	51724.78	50130.34	3.68%

资料来源：根据国家统计局网站数据整理

由表 3－13 可知，全国 31 个省市自治区（不含港澳台）2013—2017 年这五年的企业职工社会平均工资年均增长率有较大差异，大多数省份年均增长率位于 6% 到 10% 之间，四个直辖城市年均增长率均在 7% 以上，中西部地区如山西、新疆、宁夏、内蒙古等地的年均增长率不到 5%，增长最快的地区有云南、海南、湖南、贵州、山东、甘肃，年均增长率分别达到 12.2%、10.23%、9.88%、9.70%、9.56% 与

9.40%。这种状况与各地区经济发展水平的历史基础密切相关。

根据表3-13中最后一列企业职工社会平均工资2013—2017年的年均增长率，我们可以预测未来2020—2025年各地区企业职工社会平均工资（见表3-14）。

表3-14　各地区企业职工未来社会平均工资测算（2020—2025年）（元）

地区	2020年	2021年	2022年	2023年	2024年	2025年
北京市	127934.36	137624.98	148049.64	159263.94	171327.69	184305.22
天津市	98612.03	105886.11	113696.75	122083.54	131088.97	140758.69
河北省	64090.29	69541.15	75455.61	81873.09	88836.38	96391.89
山西省	53309.59	55516.84	57815.47	60209.28	62702.20	65298.34
内蒙古自治区	52467.47	54259.68	56113.11	58029.86	60012.08	62062.00
辽宁省	56876.55	60178.22	63671.55	67367.67	71278.35	75416.04
吉林省	56307.16	60709.52	65456.08	70573.75	76091.54	82040.74
黑龙江省	56471.46	60851.50	65571.26	70657.09	76137.39	82042.75
上海市	108879.26	116645.45	124965.58	133879.17	143428.56	153659.09
江苏省	72982.67	77916.87	83184.66	88808.59	94812.75	101222.83
浙江省	73944.42	79069.01	84548.76	90408.26	96673.85	103373.67
安徽省	58392.44	61789.62	65384.44	69188.40	73213.67	77473.13
福建省	69021.25	73743.76	78789.40	84180.26	89939.96	96093.76
江西省	63481.75	68884.87	74747.87	81109.89	88013.39	95504.48
山东省	80122.54	87780.78	96171.01	105363.18	115433.96	126467.32
河南省	58088.30	62706.24	67691.30	73072.66	78881.83	85152.82
湖北省	64576.93	70367.79	76677.95	83553.97	91046.58	99211.09
湖南省	67451.88	74119.17	81445.49	89495.98	98342.22	108062.87
广东省	79012.24	85413.95	92334.34	99815.43	107902.65	116645.11

续表

地区	2020 年	2021 年	2022 年	2023 年	2024 年	2025 年
广西壮族自治区	62597.49	67767.41	73364.31	79423.46	85983.03	93084.36
海南省	72748.23	80190.83	88394.85	97438.20	107406.73	118395.11
重庆市	70997.77	76522.76	82477.69	88896.04	95813.86	103270.02
四川省	73399.95	79736.37	86619.80	94097.45	102220.64	111045.07
贵州省	78023.84	85593.47	93897.48	103007.12	113000.54	123963.50
云南省	77989.23	87503.67	98178.85	110156.36	123595.09	138673.31
西藏自治区	34087.90	35900.78	37810.07	39820.91	41938.69	44169.09
陕西省	63059.94	67390.74	72018.95	76965.03	82250.78	87899.55
甘肃省	66664.52	72928.14	79780.26	87276.19	95476.42	104447.12
青海省	65812.64	70568.46	75667.96	81135.95	86999.09	93285.90
宁夏回族自治区	58268.91	60978.17	63813.40	66780.45	69885.47	73134.85
新疆维吾尔自治区	55870.18	57925.96	60057.38	62267.23	64558.39	66933.85

5. 企业职工基本养老保险基金收入预测

到目前为止，我们已经将公式 3 - 6 中的所有指标测算完毕。下面运用该公式测算各地区未来几年企业职工基本养老保险基金收入（见表 3 - 15）。

表 3 - 15　各地区企业职工基本养老保险基金收入额测算表（2020—2025 年）（万元）

地区	2020 年	2021 年	2022 年	2023 年	2024 年	2025 年
北京市	41289629.30	45600548.38	50361554.99	55619641.91	61426709.34	67840074.39
天津市	21440227.89	23778271.16	26371274.34	29247044.12	32436413.00	35973581.21
河北省	37174621.95	39957769.26	42949282.87	46164761.86	49620972.67	53335939.71
山西省	13947314.28	14488218.76	15050100.15	15633772.54	16240080.68	16869902.78

地区	2020 年	2021 年	2022 年	2023 年	2024 年	2025 年
内蒙古自治区	8561781.14	9412041.49	10346739.97	11374262.10	12503826.29	13745566.20
辽宁省	30835097.78	33610833.96	36636438.58	39934404.86	43529249.33	47447697.34
吉林省	8172289.67	8475678.40	8790329.59	9116662.32	9455109.70	9806121.64
黑龙江省	17346539.98	17677655.81	18015092.18	18358968.95	18709410.63	19066541.35
上海市	37002680.24	40311912.62	43917098.58	47844704.61	52123566.00	56785095.01
江苏省	45337539.02	51449785.54	58386063.70	66257466.02	75190063.45	85326921.75
浙江省	45885647.06	52176614.97	59330082.15	67464295.82	76713719.35	87231247.70
安徽省	12486544.06	11763554.47	11082426.66	10440737.73	9836203.26	9266672.28
福建省	18925452.38	21738077.28	24968702.21	28679450.54	32941674.97	37837334.06
江西省	13608928.97	13516813.30	13425320.55	13334447.60	13244189.81	13154542.82
山东省	72578842.51	80144522.87	88498857.15	97724053.94	107910892.57	119159616.39
河南省	36304602.54	44216167.75	53851835.85	65587325.88	79880234.92	97287881.07
湖北省	19529740.50	19777495.55	20028393.62	20282475.07	20539779.28	20800347.78
湖南省	22622271.90	23217641.80	23828679.97	24455799.00	25099422.91	25759985.52
广东省	114658457.71	127114952.75	140924719.63	156234780.35	173208126.64	192025456.65
广西壮族自治区	11287068.17	11559562.52	11838635.60	12124446.18	12417156.87	12716934.21
海南省	5489671.05	6458863.72	7599166.06	8940786.42	10519268.20	12376428.34
重庆市	9413836.55	9267044.88	9122541.58	8980292.42	8840260.92	8702413.05
四川省	34050717.28	34299361.01	34549819.48	34802106.55	35056236.75	35312222.26
贵州省	11102236.64	11497401.12	11906630.57	12330425.23	12769305.06	13223805.64
云南省	12669055.73	14330181.58	16209108.72	18334394.73	20738341.59	23457486.11
西藏自治区	320289.00	370965.83	429660.87	497642.97	576381.13	667577.50
陕西省	13845101.46	14464292.14	15111174.41	15786987.76	16493024.55	17230637.52
甘肃省	5922685.64	6352458.24	6813416.77	7307823.85	7838107.50	8406870.36

续表

地区	2020 年	2021 年	2022 年	2023 年	2024 年	2025 年
青海省	2442141.21	2814277.38	3243120.85	3737311.68	4306807.54	4963084.19
宁夏回族自治区	3231634.56	3631736.14	4081373.65	4586680.07	5154546.49	5792719.61
新疆维吾尔自治区	7602047.36	8277644.37	9013282.11	9814296.08	10686496.43	11636209.63

由表 3 - 15 可以看到，未来若干年中，全国 31 个省市自治区（不含港澳台）企业职工基本养老保险基金收入存在较大差异，收入最多的省份仍然是广东省，收入最少的地区是西藏自治区。然而，正如本书研究内容所述，我们研究地区差异不仅要研究各地区企业职工基本养老保险基金的收入端，还要考察基本养老保险基金的支出端，以及人均因素。因此，下面进一步测算各地区企业职工基本养老保险基金的支出额。

二、各地区企业职工基本养老保险基金支出模型及测算

衡量企业职工基本养老保险基金收支的地区差异，第二项工作是测算各地区企业职工基本养老保险基金的未来支出额。各地区企业职工基本养老保险基金的支出总额与该地区离退休参保人数、职工基本养老金人均支出额、每年的养老金调整系数有密切关系。因此，我们采用以下支出模型进行测算：

$$E_{it} = (RP)_{it}(AE)_{i2017}(1 + f)^{t-2017} \qquad （公式 3 - 18）$$

公式 3 - 18 中，E_{it} 表示 i 地区第 t 年企业职工基本养老保险基金支出额，RP_{it} 表示 i 地区第 t 年离退休参保人数，AE_{i2017} 表示 i 地区 2017 年企业职工基本养老金人均支出额，f 表示养老金调整系数①。此外，测算企业职工基本养老保险支出还有一个公式：企业职工基本养老保险基金支出 = 离退休参保人数 × 养老替代率 × 社会平均工资，公式 3 - 18 在原理上与此公式一致。

1. 各地区离退休参保人数测算

目前，我国人社部、财政部等部门采取加强基本养老保险基金征收、加大财政投入、中央财政对中西部地区和老工业基地实行专项转移支付等措施，保障离退休人员基本养老金的按时足额发放。然而，我国尚存在部分达到退休年龄而未参加养老保险的人员，因此，只有离退休且已参保人员才能享受基本养老保险金的发放。

离退休参保人员数量直接影响地区企业职工基本养老保险基金的支出金额。各地区历年离退休参保人员数量同样可以从国家统计局网站查询得到，根据历年离退休参保人员数量，我们首先计算 2013—2017 年各地区离退休参保人员数量的年平均增长率（见表 3 - 16），然后测算未来几年各地区的离退休参保人数（见表 3 - 17）。从表 3 - 16 可以看到，大部分地区离退休参保人数 2013—2017 年的年均增长率在 10% 以下，但有些地区如内蒙古、浙江、安徽等地超过了 10%，西藏自治区的离退休参保人数年均增长甚至达到 26.95%。不过，值得注意的是，虽然西藏自治区离退休参保人数年均增长较快，但其离退休参保人数的绝对值是最小的，到 2017 年也只有 9 万多人，而离退休参保人员数量位于倒数第二位的青海省，也有 42 万多人，是西藏自治区的近五倍。

---

① 此处养老金调整系数指养老金年增长率。

表 3-16　各地区近五年离退休参保人数（万人）

地区	2013 年	2014 年	2015 年	2016 年	2017 年	年均增长率
北京市	220	228.86	236.74	275.39	283.13	6.51%
天津市	168.39	175.26	180.93	208.61	213.78	6.15%
河北省	335.12	353.64	368.45	391.3	433.81	6.67%
山西省	180.54	190.9	201.39	216.61	243.04	7.71%
内蒙古自治区	172.69	192.73	208.12	236.45	257.08	10.46%
辽宁省	557.77	601.9	640.45	679.75	754.35	7.84%
吉林省	248.36	261.1	273.68	286.69	332.24	7.55%
黑龙江省	422.21	443.41	471.13	488.54	523.9	5.54%
上海市	437.45	452.43	465.37	476.28	489.19	2.83%
江苏省	594.3	637.57	681.1	724.23	796.06	7.58%
浙江省	398.87	468.79	570.29	663.9	747.5	17.00%
安徽省	219.12	232.34	246.66	257.93	322.86	10.17%
福建省	133.18	140.17	147.09	174.05	182.02	8.12%
江西省	207.05	221.08	235.24	284.56	307.67	10.41%
山东省	459.16	511.51	554.38	607.4	638.78	8.60%
河南省	325.62	342.3	359.75	450.34	459.97	9.02%
湖北省	395.93	419.25	440.6	457.98	526.14	7.37%
湖南省	329.51	349.04	368.99	362.88	422.71	6.42%
广东省	421.3	445.86	473.25	524.58	569.05	7.81%
广西壮族自治区	172.6	180.28	186.87	240.67	251.87	9.91%
海南省	57.07	59.94	61.98	66.47	68.88	4.81%
重庆市	275.36	293.28	304.88	346.33	360.84	6.99%
四川省	596.19	648.08	688.92	777.83	816.04	8.16%
贵州省	82.61	87.14	94.83	99.64	141.26	14.35%

地区	2013 年	2014 年	2015 年	2016 年	2017 年	年均增长率
云南省	115.7	118.67	121.8	168.02	171.34	10.31%
西藏自治区	3.53	3.66	3.85	5.98	9.17	26.95%
陕西省	191.95	200.32	207.49	213.56	246.45	6.45%
甘肃省	99.85	104.99	109.2	114.05	141.61	9.13%
青海省	27.55	28.83	30.13	41.44	42.77	11.62%
宁夏回族自治区	41.94	44.19	46.4	57.8	60.24	9.47%
新疆维吾尔自治区	143.8	149.13	154.79	196.51	204.3	9.18%

资料来源：根据国家统计局网站数据整理

从表 3-16 中的逐年数据来看，我国大部分地区离退休参保人数近五年的绝对数量是逐年增加的，这与两个原因有关，一是我国大部分地区的企业在职职工参保率逐年上升，而这些在职职工中每年都有办理退休人员，则在职职工的参保率乃至参保人数的逐年增加将必然引起这些人退休后即离退休人员参保人数增加；二是我国老龄化程度的逐年上升导致老年人包括离退休人员数量逐年增加，则其中参保人员的绝对数量也会相应增加。

离退休参保人数的快速增加会使得该地区基本养老保险基金支出迅速扩大。由于近几年各地区的调整情况差异较大，如果完全按照地区各自的年均增长率测算未来各地区的离退休参保人数，会导致增速快的地区（往往是总人口稀少的地区）未来离退休参保人数远远高于其他地区，而离退休参保人数受限于在职职工参保人数，未来的增加数量不会保持与当前同样的增速。因此，如果完全按照地区各自的年均增长率测算未来各地区的离退休参保人数，可能与未来实际情况偏离较大。此处，我们将 31 个省市自治区（不含港澳台）的离退休参保人数 2013—2017 年年均增长率取平均水平，即 9.07%，统一作为各地区离退休参保人员数量的年均增长率（见表 3－16 最后一列）。根据离退休参保人数的年均增长率，预测未来若干年各地区离退休参保人员数量（见表 3－17）。采用这种方式测算的各地区未来年份离退休参保人员数量的地区差异与当前地区之间离退休参保人员数量的差异相近。

表 3－17　各地区未来年份离退休参保人员数量预测（2020—2025 年）（万人）

地区	2020 年	2021 年	2022 年	2023 年	2024 年	2025 年
北京市	308.81	336.82	367.37	400.69	437.03	476.67
天津市	233.17	254.32	277.39	302.54	329.98	359.91
河北省	473.16	516.07	562.88	613.93	669.62	730.35
山西省	265.08	289.13	315.35	343.95	375.15	409.18
内蒙古自治区	280.40	305.83	333.57	363.82	396.82	432.81
辽宁省	822.77	897.39	978.79	1067.56	1164.39	1270.00
吉林省	362.37	395.24	431.09	470.19	512.84	559.35
黑龙江省	571.42	623.25	679.77	741.43	808.68	882.02
上海市	533.56	581.95	634.74	692.31	755.10	823.59
江苏省	868.26	947.01	1032.91	1126.59	1228.78	1340.22
浙江省	815.30	889.25	969.90	1057.87	1153.82	1258.47
安徽省	352.14	384.08	418.92	456.92	498.36	543.56
福建省	198.53	216.54	236.18	257.60	280.96	306.44
江西省	335.58	366.01	399.21	435.42	474.91	517.98
山东省	696.72	759.91	828.83	904.01	986.00	1075.43

续表

地区	2020 年	2021 年	2022 年	2023 年	2024 年	2025 年
河南省	501.69	547.19	596.82	650.95	710.00	774.39
湖北省	573.86	625.91	682.68	744.60	812.13	885.79
湖南省	461.05	502.87	548.48	598.22	652.48	711.66
广东省	620.66	676.96	738.36	805.33	878.37	958.04
广西壮族自治区	274.71	299.63	326.81	356.45	388.78	424.04
海南省	75.13	81.94	89.37	97.48	106.32	115.96
重庆市	393.57	429.26	468.20	510.66	556.98	607.50
四川省	890.05	970.78	1058.83	1154.87	1259.62	1373.86
贵州省	154.07	168.05	183.29	199.91	218.04	237.82
云南省	186.88	203.83	222.32	242.48	264.48	288.46
西藏自治区	10.00	10.91	11.90	12.98	14.15	15.44
陕西省	268.80	293.18	319.78	348.78	380.41	414.92
甘肃省	154.45	168.46	183.74	200.41	218.59	238.41
青海省	46.65	50.88	55.50	60.53	66.02	72.01
宁夏回族自治区	65.70	71.66	78.16	85.25	92.98	101.42
新疆维吾尔自治区	222.83	243.04	265.08	289.13	315.35	343.95

2. 各地区企业职工基本养老金人均支出额测算

企业职工基本养老金人均支出额是从政府社保机构的角度来说的，政府角度的基本养老金人均支出额即为我们平日所指的个人养老金平均收入，后者是从退休后个人的角度来说的，两个说法体现了同一概念的不同侧面。因此，后文以各地区企业职工基本养老金人均支出额来表示各地区人均养老金水平。预测未来年份各地区企业职工基本养老保险支出总额，除了需要预测上述未来年份各地区离退休参保人数之外，还需

78

要预测未来年份的各地区企业职工基本养老保险人均支出额。后者根据历年各地区企业职工基本养老金平均支出额及其增长率计算而得。

历年各地区企业职工基本养老金平均支出额等于各地区当年企业职工基本养老金总支出（见附表 8）除以当地离退休参保人数（表 3 - 16），表 3 - 18 数据是我们计算的各地区 2013—2017 年企业职工基本养老金平均支出额以及年均增长率。由表 3 - 18 可以看出，大部分地区 2013—2017 年的养老金平均支出额的年增长率超过 10%，云南、西藏两地甚至高达 24% 以上。这一方面是由于我国每年上调退休人员工资待遇，另一方面则是由于退休人员数量历年有较大增长（见上表 3 - 16）。这里同样需要指出的是，西藏地区的离退休参保人数是最少的，然而每年的养老金总支出并不低，计算可知该地区离退休参保人员的人均养老金甚至成为 31 个省市自治区（不含港澳台）中最高的地区。

表 3 - 18　各地区近五年企业职工基本养老金平均支出额（元）及年均增长率

地区	2013 年	2014 年	2015 年	2016 年	2017 年	年均增长率
北京市	33399.53	36778.27	40781.3	53718.37	49246.35	10.19%
天津市	25318.94	28052.91	30924.34	35955.6	39111.23	11.48%
河北省	24859.74	26950.21	30858.01	32441.71	32540.23	6.96%
山西省	26465.09	29120.87	32621.69	34480.32	44533.4	13.89%
内蒙古自治区	23818.42	25223.87	27149.88	26551.11	27509.09	3.67%
辽宁省	22430.14	24553.55	27218.97	28396.99	29257.41	6.87%
吉林省	18045.39	19797.93	22286.73	23591.56	23084.3	6.35%
黑龙江省	20984.55	23191.04	25962.21	27280.07	29283.71	8.69%
上海市	29900.55	33276.6	43732.1	45313.57	52559.08	15.14%

地区	2013 年	2014 年	2015 年	2016 年	2017 年	年均增长率
江苏省	23092.56	24847.77	27083.97	28797.09	32099.6	8.58%
浙江省	23689.34	26024.94	27770.6	32496.12	35274.14	10.47%
安徽省	20494.5	22377.92	24547.91	26095.61	24302.73	4.35%
福建省	25428.85	27032	29503.13	33670.55	36615.39	9.54%
江西省	17010.94	20108.15	22831.77	23481.3	28037.33	13.31%
山东省	27670.94	30452.06	33283.24	34413.16	36924.64	7.48%
河南省	21850.67	24269.1	26713.38	24252.48	31997.7	10.01%
湖北省	20155.59	22672.78	25046.99	26749.09	35431.59	15.15%
湖南省	18880.91	20926.93	23020.22	28079.91	31915.46	14.02%
广东省	24923.42	28913.5	31177.67	32000.22	33354.59	7.56%
广西壮族自治区	21098.75	22874.31	25198.8	35276.32	35012.3	13.50%
海南省	21018.31	23112.45	25403.37	26755.66	33676.81	12.51%
重庆市	18449.4	19564.47	21799.43	21380.19	38034.25	19.83%
四川省	18577.24	20262.33	22173.48	34454.18	27896.16	10.70%
贵州省	21601.95	23846.12	25536.58	28490.25	40754.04	17.20%
云南省	21933.42	24283.37	27013.21	29825.03	55964.54	26.39%
西藏自治区	38237.11	40685.52	48804.42	86556.35	92347.66	24.66%
陕西省	24223.96	27101.86	29542.07	31763.43	39026.77	12.66%
甘肃省	22504.28	24629.32	28169.13	29079.36	25670.85	3.35%
青海省	28101.38	31501.84	36904.78	45328.62	48042.97	14.35%
宁夏回族自治区	23787.24	26762	29542.46	31474.08	36754.37	11.49%
新疆维吾尔自治区	25520.54	28575.36	31680.07	47547.49	44344.68	14.81%

资料来源：根据国家统计局网站数据整理

养老金人均支出额的快速增加会导致该地区基本养老保险基金总支

出迅速增加，并且，近几年各地区的调整情况差异较大，如果完全按照各地区年均增长率测算未来各地区的养老金人均支出额，会导致增速快的地区（往往是经济欠发达地区）未来养老金人均支出额远远高于其他地区，甚至高于经济发展水平高的东部省份或一线城市，这可能与未来实际情况偏离较大。因此，我们将31个省市自治区（不含港澳台）的养老金人均支出额年均增长率取平均水平，即11.78%（也就是公式3-8中的养老金调整系数 f），作为各地区养老金人均支出额年均增长率进行测算。表3-19显示各地区未来几年企业职工基本养老保险人均支出额预测。

表 3-19 各地区职工基本养老保险人均支出额预测（2020—2025 年）（元）

地区	2020 年	2021 年	2022 年	2023 年	2024 年	2025 年
北京市	68780.67	76883.03	85939.85	96063.57	107379.9	120029.2
天津市	54625.29	61060.15	68253.03	76293.24	85280.59	95326.64
河北省	45447.81	50801.56	56785.99	63475.38	70952.77	79311.01
山西省	62198.25	69525.21	77715.28	86870.14	97103.44	108542.2
内蒙古自治区	38420.99	42946.98	48006.14	53661.26	59982.56	67048.5
辽宁省	40862.81	45676.45	51057.14	57071.67	63794.71	71309.73
吉林省	32241.04	36039.04	40284.44	45029.94	50334.47	56263.87
黑龙江省	40899.54	45717.50	51103.02	57122.96	63852.05	71373.82
上海市	73407.44	82054.84	91720.90	102525.62	114603.1	128103.4
江苏省	44832.40	50113.66	56017.04	62615.85	69992	78237.06
浙江省	49266.17	55069.72	61556.94	68808.34	76913.97	85974.43
安徽省	33942.77	37941.23	42410.71	47406.69	52991.2	59233.56
福建省	51139.44	57163.67	63897.54	71424.68	79838.5	89243.48

地区	2020 年	2021 年	2022 年	2023 年	2024 年	2025 年
江西省	39158.77	43771.67	48927.97	54691.69	61134.37	68336
山东省	51571.36	57646.46	64437.22	72027.92	80512.81	89997.22
河南省	44690.07	49954.56	55839.21	62417.07	69769.8	77988.69
湖北省	49486.07	55315.53	61831.70	69115.48	77257.28	86358.19
湖南省	44575.21	49826.17	55695.69	62256.64	69590.48	77788.23
广东省	46585.20	52072.94	58207.13	65063.93	72728.46	81295.87
广西壮族自治区	48900.46	54660.93	61099.99	68297.57	76343.02	85336.23
海南省	47035.24	52575.99	58769.44	65692.48	73431.05	82081.23
重庆市	53121.12	59378.79	66373.61	74192.42	82932.29	92701.71
四川省	38961.60	43551.28	48681.62	54416.31	60826.56	67991.92
贵州省	56919.75	63624.90	71119.91	79497.84	88862.68	99330.71
云南省	78163.72	87371.41	97663.76	109168.55	122028.6	136403.6
西藏自治区	128978.76	144172.46	161155.97	180140.14	201360.7	225080.9
陕西省	54507.34	60928.30	68105.65	76128.50	85096.44	95120.8
甘肃省	35853.58	40077.13	44798.22	50075.45	55974.34	62568.12
青海省	67099.95	75004.32	83839.83	93716.17	104755.9	117096.2
宁夏回族自治区	51333.54	57380.64	64140.07	71695.78	80141.54	89582.21
新疆维吾尔自治区	61934.68	69230.58	77385.95	86502.01	96691.95	108082.3

3. 各地区企业职工基本养老金总支出测算

至此，我们已将公式 3 – 8 中的所有指标测算完毕。下面运用该公式测算各地区未来几年企业职工基本养老金总支出额，具体数据如表3 – 20所示。

表 3 - 20　各地区企业职工基本养老保险基金支出额测算表（2020—2025 年）（万元）

地区	2020 年	2021 年	2022 年	2023 年	2024 年	2025 年
北京市	23166632.38	28244398.19	34435131.36	41982777.03	51184749.35	57214312.82
天津市	13892213.53	16937170.86	20649535.50	25175592.79	30693691.50	34309408.36
河北省	23454336.12	28595162.12	34862777.29	42504156.30	51820406.85	57924850.77
山西省	17983183.29	21924817.61	26730396.92	32589284.53	39732349.27	44412820.01
内蒙古自治区	11750259.73	14325734.06	17465712.34	21293925.07	25961222.54	29019454.55
辽宁省	36670074.19	44707584.60	54506792.39	66453834.25	81019482.03	90563577.01
吉林省	12742998.62	15536065.89	18941330.10	23092975.31	28154596.64	31471208.12
黑龙江省	25490445.10	31077554.55	37889271.56	46194011.08	56319020.46	62953401.07
上海市	42719709.95	52083206.51	63499036.00	77417037.92	94385649.57	105504279.09
江苏省	42456912.25	51762807.63	63108410.67	76940793.59	93805019.88	104855251.23
浙江省	43809733.58	53412146.37	65119258.83	79392388.41	96793966.20	108196295.42
安徽省	13036834.99	15894306.63	19378091.64	23625468.19	28803803.68	32196891.76
福建省	11073520.08	13500663.60	16459799.27	20067531.48	24466022.53	27348119.98
江西省	14332593.42	17474075.17	21304120.90	25973653.13	31666674.27	35397008.50
山东省	39189569.58	47779314.23	58251797.41	71019686.17	86586097.74	96785940.05
河南省	24454073.29	29814026.14	36348797.37	44315888.89	54029243.06	60393887.90
湖北省	30973831.63	37762814.19	46039836.22	56131052.86	68434107.38	76495645.23
湖南省	22415402.27	27328510.11	33318494.84	40621391.14	49524968.82	55359010.15
广东省	31536176.31	38448416.09	46875711.40	57150138.90	69676561.23	77884460.14
广西壮族自治区	14652103.44	17863616.82	21779044.03	26552672.03	32372605.11	36186097.99
海南省	3854136.47	4698903.29	5728829.87	6984500.35	8515394.29	9518507.74
重庆市	22803027.55	27801096.83	33894665.23	41323849.12	50381394.68	56316322.97
四川省	37823253.47	46113522.86	56220890.46	68543635.98	83567335.82	93411567.98
贵州省	9565173.12	11661710.43	14217776.13	17334091.71	21133455.24	23622976.27
云南省	15932158.94	19424240.59	23681732.28	28872399.98	35200781.38	39347433.42

地区	2020 年	2021 年	2022 年	2023 年	2024 年	2025 年
西藏自治区	1407013.13	1715408.55	2091399.44	2549801.70	3108678.61	3474880.95
陕西省	15980648.44	19483358.24	23753807.60	28960273.09	35307914.91	39467187.29
甘肃省	6040002.32	7363876.97	8977924.37	10945745.88	13344883.27	14916910.52
青海省	3414067.29	4162377.78	5074706.31	6187003.07	7543098.00	8431674.94
宁夏回族自治区	3678720.90	4485039.35	5468090.28	6666610.70	8127828.16	9085286.32
新疆维吾尔自治区	15052646.96	18351953.26	22374416.22	27278540.56	33257572.74	37175314.81

　　根据表3-20中各地区企业职工基本养老保险基金支出额预测数据，结合表3-15中各地区企业职工基本养老保险基金收入额预测数据，我们可以对各地区未来年份基本养老保险基金收支差异进行对比。

第三节　各地区企业职工基本养老保险基金未来年份收支对比

　　前述两节根据基本养老保险收入与支出模型测算了各地区未来年份的企业职工基本养老保险收入与支出总额，下面我们比31个省市自治区（不含港澳台）未来年份（2020—2025年）的企业职工基本养老保险基金收支。

　　首先，我们采用企业职工基本养老保险基金的绝对差额进行各地区收支对比。基金收支的绝对差额即 $I_{it} - E_{it}$，若此值大于 0，则该地区企业职工基本养老保险基金出现结余；若此值小于 0，则该地区企业职工基本养老保险基金出现收不抵支；若此值等于 0，则该地区当年基金收支平衡。图 3-1 显示，大部分地区在未来年份的基金收入大于基金支出，但有的地区基金收支差额较大（如四川、云南等地），还有的地区基金收支差额为负，收不抵支。这是因为，我国不同地区经济发展水平存在较大差异，人口结构及劳动人口迁移情况相差甚远，企业职工人均工资水平也差异较大，导致各地区基金偿付能力差异悬殊。例如，广东省在未来几年内基金收入足以应付基金支出，具有较强的偿付能力，而辽宁省、黑龙江省却一直赤字运行。值得注意的是，西藏等西部地区的收支差额较高，可能与基金每年支出相对较少有关，这些地区基金总支出较少与当地离退休参保人数的绝对数量较少有关。

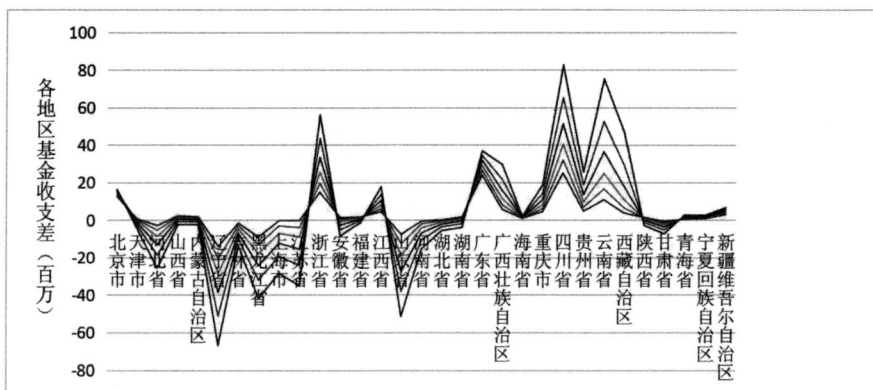

图 3-1 各地区企业职工基本养老保险基金收支差额对比图（2020—2025 年）

其次，我们采用企业职工基本养老保险基金的相对差额进行地区收支对比。基金收支的相对差额也就是各地区基金收支比，即 I_{it} / E_{it}，若此值大于1，则该地区企业职工基本养老保险基金出现结余；若此值小于1，则该地区企业职工基本养老保险基金出现收不抵支；若此值等于1，则该地区当年基金收支平衡。图3-2显示的结果与用收支差额绝对数值的衡量结论类似，各地区基金收支比存在差异，多数地区的基金收支比大于1，也就是当年基金出现结余；少数地区的基金收支比小于1，当年基金出现缺口。同样地，西藏地区在基金收支比口径衡量下，其收支差距更为显著，2020年基金收入是基金支出的3.67倍，而到了2025年，其基金收入预计达到基金支出的10倍多。这种差距采用基金收支绝对差额的衡量口径容易被忽略。因此，企业职工基本养老保险基金的地区差异情况应该进行更精细化的衡量和测度。

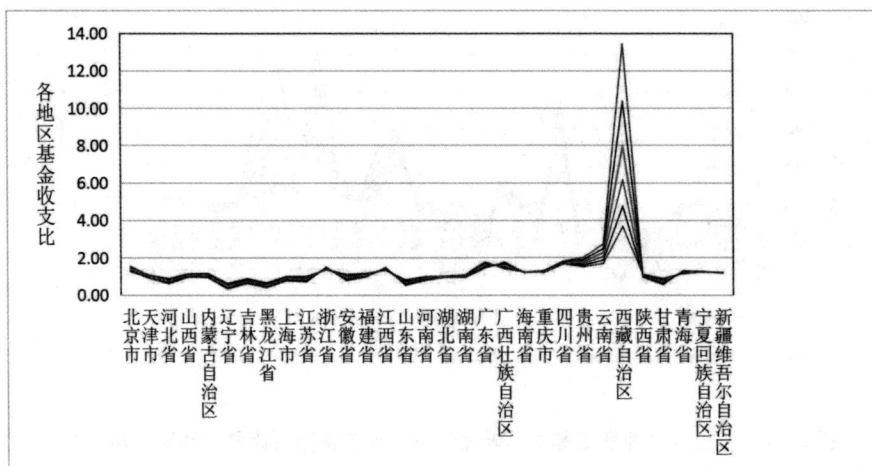

图3-2　各地区企业职工基本养老保险基金收支比（2020—2025年）

采用企业职工基本养老保险基金的绝对差额进行地区收支对比，可能会忽略各地区基本养老保险基金收入与支出的相对差距，而后者更好地刻画了地区基本养老保险基金收入支撑支出的充裕度，因此，衡量企业职工基本养老保险基金的地区差异时，采用基金收支的相对差额，也就是各地区基金收支比（即 I_{it} / E_{it}），更为合理。

第四节　本章小结

我国31个省市自治区（不含港澳台）的历史发展基础不同，其人口差异、经济社会发展水平差异是地区发展不均衡的根本原因，最终导致企业职工基本养老保险基金收入与支出的地区差异。

首先，不同地区人口尤其是劳动力人口乃至就业人口数量存在差异。随着我国"单独二孩""全面二孩"人口政策以及新型城镇化政策的实施推进，人口出生率变化、人口流动趋势变化使得各地区劳动人口数量与城镇就业人口数量进一步发生相应变化。本章第一节根据劳动力人口发展模型与城镇职工就业人口计算公式预测了全国31个省市自治区（不含港澳台）未来企业职工就业人口数量，以便根据这项指标进一步测算各地区企业职工基本养老保险基金未来年份收入额。

其次，各地区的城镇化率、失业率、养老保险参保率、社会平均工资及其增长率、养老保险缴费率、养老保险当地征缴率等指标存在差异。这些差异导致各地区企业在职职工与离退休职工的数量存在差异，并将最终体现为企业职工基本养老保险基金收入与支出差异。本章第二

节根据企业职工基本养老保险基金收入模型与支出模型测算了全国 31
个省市自治区（不含港澳台）未来若干年的企业职工基本养老保险基
金收入额与支出额。本章第三节对各地区基本养老保险基金未来收支的
绝对差额和相对差额进行了对比。

　　从绝对差额的衡量口径来看，大部分地区在未来年份的基金收入大
于基金支出，有的地区基金收支差额较大（如四川、云南等地），还有
的地区基金收支差额为负，收不抵支。从相对差额的衡量口径来看，西
藏地区的收支差距更为显著，其未来基金收入预计达到未来基金支出的
10 倍多。这种差距采用基金收支绝对差额的衡量口径容易被忽略，因
此，企业职工基本养老保险基金的地区差异情况应该进行更精细化的衡
量和测度，采用基金收支的相对差额（采用各地区基金收支比 I_{it}/E_{it}）
更为合理。

第四章

企业职工基本养老保险基金地区差异性测度指标研究

　　上一章分析测算了各地区企业职工基本养老保险基金收入与支出差异，并预测了2020年至2025年各地区基本养老保险基金的收支情况，这是对各地区基本养老保险基金总量情况的考察。然而，分析研究企业职工基本养老保险收支情况的地区差异时，我们既要从总量上进行研究，还需要对平均水平加以考察。笔者认为，企业职工基本养老保险基金的地区差异除了体现在各地区基金收支总量的差异之外，还体现在各地区人均养老金水平与人均消费水平的差异上。本章首先对各地区人均养老金水平与人均消费水平进行分析，然后提出衡量企业职工基本养老保险基金地区差异的两个测度指标。

第一节　企业职工基本养老保险
基金地区差异的人均因素分析

　　如第三章所述，我国各地区经济发展水平、人口数量、企业职工基本养老保险参保率及征缴率等各项指标长期存在不平衡，这不仅使得各地区企业职工基本养老保险基金收入总额与支出总额存在巨大差异，还导致各地区的人均养老金水平与人均消费水平也存在不均衡现象。下面对各地区人均养老金水平差异、人均消费水平差异分别进行阐述。

一、各地区人均养老金水平存在差异

考察各地区人均养老金水平是对基本养老保险基金收入端的考察。企业职工基本养老保险的养老金发放是国家养老保障体系的第一支柱，实际上是为退休后的居民提供生活消费保障的一定收入。此处所称人均养老金水平不是根据我国统一规定的养老金计算公式得出的，而是由各地区企业职工基本养老保险基金支出总额除以当地离退休参保人员数量得到的，也就是从政府社保部门角度所说的企业职工基本养老金人均支出额，我们认为，这种考察方式更接近人们实际养老金收入情况。

由于全国各地区企业职工基本养老保险基金收入与支出总额各不相同，平均工资水平与离退休参保人员数量差异较大，导致全国各地区人均养老金水平有高有低。这就可能出现下面所说的情况：某地区的基本养老保险基金收入总额与支出总额都不高，但是由于该地区的离退休参保人员数量较少，那么，从平均养老金水平上看，该地区的人均养老金水平可能并不低。例如，从表 3-16（各地区近五年离退休参保人数）、附表 8（各地区近五年企业职工基本养老金支出总额）中数据可知，2017 年云南省企业职工基本养老保险基金支出总额为 958 8964 万元，离退休参保人员数量为 171.34 万人，两者相除得到云南省当年人均养老金水平为 55 964.54 元，而同年北京市的企业职工基本养老保险基金支出总额为 13 943 120 万元，离退休参保人员数量为 283.13 万人，得到当年北京市人均养老金水平为 49 246.35 元，低于云南省的人均养老金水平。其他西部地区、西南部地区如新疆、西藏、青海、贵州等地都存在这种情况，例如，西藏地区 2017 年企业职工基本养老保险基金人均养老金水平更高达 92 347.66 元①，根本原因是该地区当年的离退休参保人员数量仅为 9.17 万人，尽管当年企业职工基本养老保险基金支出总额并不高，仅为 84 6828 万元，但人均养老金水平仍然很高。一线城市人均养老金水平低于西部地区，这似乎与人们的普遍印象不符，这种人均养老金水平与养老金支出总额倒挂的情形应该被进一步研究。

表 4 - 1 以 2017 年为例，将全国 31 个省市自治区（不含港澳台）企业职工基本养老保险基金相关指标进行排序，分别为基金收入排序、基金支出排序以及人均养老金水平排序。从表中数据可以看出，即使某个地区的基金收入与基金支出尤其是基金支出金额较大、排名靠前，但平均到该地区离退休人员数量上，其人均养老金水平排名反而靠后。这种情形，在江苏、浙江、山东、湖北、湖南、广东等地表现尤为明显。反之，即使某个地区的基金收入与基金支出尤其是基金支出金额较低、排名靠后，但平均到该地区离退休人员数量上，其人均养老金水平排名反而靠前。例如，天津、山西、贵州、西藏等地表现尤为明显。因此，我国某些地区确实存在人均养老金水平与养老金收入及支出总额倒挂的情形。因此，以企业职工基本养老保险基金收支的地区差异视角考察中央调剂基金的筹集时，应该将人均养老金因素考虑在内。

---

① 需要注意的是，西藏地区人均养老金水平在 2013 年至 2015 年间与北京基本持平，然而在 2016、2017 年两年间迅速增加。

表 4-1　各地区 2017 年度企业职工基本养老保险基金相关指标排序

	2017 年基金收入排序	2017 年基金支出排序	2017 年人均养老金水平排序
北京市	7	12	4
天津市	22	21	9
河北省	12	11	20
山西省	15	15	6
内蒙古自治区	23	24	28
辽宁省	8	6	25
吉林省	25	23	31
黑龙江省	14	9	24
上海市	5	2	3
江苏省	4	3	21
浙江省	3	1	16
安徽省	19	22	30
福建省	24	25	14
江西省	21	20	26
山东省	6	4	12
河南省	10	10	22
湖北省	9	8	15
湖南省	11	14	23
广东省	1	7	19
广西壮族自治区	20	19	17
海南省	28	28	18
重庆市	13	13	11
四川省	2	5	27

续表

	2017 年基金 收入排序	2017 年基金 支出排序	2017 年人均 养老金水平排序
贵州省	26	26	8
云南省	16	17	2
西藏自治区	31	31	1
陕西省	17	16	10
甘肃省	27	27	29
青海省	30	30	5
宁夏回族自治区	29	29	13
新疆维吾尔自治区	18	18	7

二、各地区人均消费水平存在差异

企业职工基本养老保险基金的地区差异也与不同地区人均消费水平存在差异有关。考察各地区人均消费水平是对基本养老保险基金支出端的考察。此处人均消费水平指居民个人消费总额除以年均人口总数。理想状况下，各地区居民退休后的人均养老金水平应与当地消费水平即人均消费水平相适应，具体而言，生活消费水平高的地区，人均养老金水平也高，才能满足退休后的基本生活需要；人均养老金水平低的地区，生活消费水平也低，才能满足退休后基本生活需要。也就是说，假设某地区的人均养老金水平不高，该地区的人均消费水平也低，那么，总体而言，该地区的基本养老保险基金收支情况可能符合当地的人均消费水平。反之也是同样道理。考虑另一种情况，假设某地区的企业职工基本养老保险基金收入额及支出额较高，导致人均养老金水平较高（假如高于全国所有地区人均养老金的平均水平），然而该地区的人均消费水平却远远高于所有地区的平均水平，那么即使基本养老保险基金收入与支出总额较高，这个地区的养老金收支情况可能也并不是特别理想。这种人均消费水平与人均养老金水平倒挂的情形应该被进一步研究。

我们知道，各地区人均养老金水平与人均消费水平差异较大的现象将一直存在。因此，如果中央调剂金制度只考虑各地区每年的基金收支差异而提取统一的上解比例，不考虑各地区民众人均养老金水平与人均生活消费水平的实际相对差异，将在地区公平性上有所缺失。

表4-2以2017年为例，将全国31个省市自治区（不含港澳台）企业职工基本养老保险基金人均指标进行排序，分为人均养老金水平、人均消费水平排序。从表中数据可以看出，如果某个地区的人均发放养老金水平的排名与人均消费水平排名相比相对靠后，表现在表中数据上则是人均养老金水平排序值大于人均消费水平排序值，那么说明该地区的生活成本较高，其居民养老金收入用于支撑生活消费支出可能较为吃力。这种情形，江苏、浙江、福建、广东、天津、北京、辽宁等地表现尤为明显。反之，如果某个地区的人均发放养老金水平的排名与人均消费水平排名相比相对靠前，表现在表中数据上则是人均养老金水平排序值小于人均消费水平排序值，那么说明该地区的人均生活成本较低，其居民养老金收入用于支撑生活消费支出较为充裕。例如，山西、广西、江西、河南、新疆、青海、西藏等地表现尤为明显。因此，我国某些地区确实存在人均养老金水平与人均消费水平倒挂的情形。以企业职工基本养老保险基金收支的地区差异视角考察中央调剂基金的筹集时，应该将人均消费因素考虑在内。

表 4-2　各地区 2017 年度企业职工基本养老保险基金人均指标排序

	2017 年人均养老金水平排序	2017 年人均消费水平排序
北京市	4	2
天津市	9	4
河北省	20	20
山西省	6	30
内蒙古自治区	28	9
辽宁省	25	8
吉林省	31	25
黑龙江省	24	28
上海市	3	1
江苏省	21	6
浙江省	16	3
安徽省	30	18
福建省	14	7
江西省	26	29
山东省	12	11
河南省	22	27
湖北省	15	16
湖南省	23	10
广东省	19	5
广西壮族自治区	17	31
海南省	18	22
重庆市	11	13
四川省	27	14
贵州省	8	23

续表

	2017 年人均养老金水平排序	2017 年人均消费水平排序
云南省	2	26
西藏自治区	1	17
陕西省	10	21
甘肃省	29	19
青海省	5	15
宁夏回族自治区	13	24
新疆维吾尔自治区	7	12

第二节　企业职工基本养老保险
基金地区差异测度指标的提出

　　基于上述思想，研究企业职工基本养老保险地区差异时，不仅应考虑各地区企业职工基本养老保险基金收支差异，还应该将各地区居民生活消费水平差异因素同时加以考虑，由此，我们提出衡量企业职工基本养老保险基金地区差异的两个测度指标：地区基本养老保险基金收支比与地区人均养老金消费比。下面对这两个测度指标分别进行解释和测算。

一、地区基本养老保险基金收支比含义

　　衡量企业职工基本养老保险基金地区差异的第一个测度指标是地区

基本养老保险基金收支比。"地区基本养老保险基金收支比"是各地区基本养老保险基金的总量收支比，指的是各地区每年的企业职工基本养老保险基金收入额与支出额之比，具体公式如下：

地区企业职工基本养老保险基金收入支出比 =

$$\frac{某地区某年份企业职工基本养老保险基金收入额 I_{it}}{该地区同年企业职工基本养老保险基金支出额 E_{it}}$$

即 $\frac{I_{it}}{E_{it}}$，其中，I_{it} 是 i 地区第 t 年企业职工基本养老保险基金收入额，E_{it} 是 i 地区第 t 年企业职工基本养老保险基金支出额。

根据上面定义的公式得到各地区基本养老保险基金收支比的具体数值后，我们将某地区企业职工基本养老保险基金收支比与所有地区基本养老保险基金收支比的平均水平进行比较，如果前者高于后者，表明总体来看该地区基本养老保险基金收支情况相对于全国平均水平而言较为良好；反之，则表明总体来看该地区基本养老保险基金收支情况相对于全国平均水平而言较为落后。此处，我们采用中位数的概念来衡量所有地区基本养老保险基金收支比的平均水平。这是因为，虽然均值与中位数都可以反映数据集中的情况，但是当样本个数较少时（只考察 31 个省市自治区）并且当样本数据差距较大时，采用中位数更能反映数据的分布特性。各省基本养老保险基金收支比数据中，有的地区（如西藏）数据与其他地区数据相比差异较大，故采用中位数代表各地区平均水平。

首先，找到某一年份所有地区基本养老保险基金收支比的中位数 $\widetilde{\left(\frac{I_{it}}{E_{it}}\right)}$，即 $\left(\frac{I_t}{E_t}\right)_{\frac{n+1}{2}}$（此处 n = 31），表示全国各地区基本养老保险基金收

支比的平均水平，如果某地区某年份的基本养老保险基金收支比 $\dfrac{I_{it}}{E_{it}} >$

$\widetilde{\left(\dfrac{I_{it}}{E_{it}}\right)}$，则该地区该年企业职工基本养老保险基金收支比高于所有地区

基金收支比的平均水平，即该地区属于当年基金收入总额与当年基金支出总额的比值相对较高的地区，也就是与全国平均水平相比，属于当年基金收入相对当年基金支出而言较为宽裕的地区；反之，如果某地区某

年份的基本养老保险基金收支比 $\dfrac{I_{it}}{E_{it}} < \widetilde{\left(\dfrac{I_{it}}{E_{it}}\right)}$，则该地区该年企业职工基

本养老保险基金收支比低于所有地区基金收支比的平均水平，即该地区属于当年基金收入总额与当年基金支出总额的比值相对较低的地区，也就是与全国平均水平相比，属于当年基金收入相对当年基金支出而言较为不足的地区。这一指标考虑了各地区企业职工基本养老保险基金收入与支出的相对值，还考虑了不同地区收支差异与所有地区收支差异平均水平的对比，相比仅考虑某一地区基本养老保险基金收支差额来判断该地区基本养老保险基金的充足性而言，更为精细化地刻画了地区差异。此外，如果仅根据某地区企业职工基本养老保险基金收支相对差额进行调剂或根据某地区基本养老保险基金应收收入及离退休人数进行调剂，可能忽略了不同地区生活成本（即生活消费水平）存在差异而使中央调剂金制度的公平性出现缺失，因此，下面我们引入第二个指标：地区人均养老金消费比。

二、地区人均养老金消费比含义

衡量企业职工基本养老保险基金地区差异的第二个测度指标是地区

人均养老金消费比。"地区人均养老金消费比"指的是各地区每年的人均养老金水平与人均生活消费水平之比，具体公式如下：

$$\text{地区人均养老金消费比} = \frac{\text{某地区某年份人均养老金水平} AE_{it}}{\text{该地区该年人均生活消费水平} AC_{it}}$$

即 $\dfrac{AE_{it}}{AC_{it}}$，其中，AE_{it} 表示 i 地区第 t 年人均养老金水平，AC_{it} 表示 i 地区第 t 年人均生活消费水平。

根据上面定义的公式得到各地区人均养老金消费比的具体数值后，我们将某地区人均养老金消费比与所有地区人均养老金消费比的平均水平进行比较，如果前者高于后者，表明总体来看该地区人均养老金收入支撑当地生活消费成本的情况相对于全国平均水平而言较为充裕；反之，则表明总体来看该地区人均养老金收入支撑当地生活消费成本的情况相对于全国平均水平而言较为不足。计算某一年份所有地区的人均养老金消费比平均水平，此处同样采用中位数 $\left(\widetilde{\dfrac{AE_{it}}{AC_{it}}}\right)$ 代表平均水平，即某一年份所有地区人均养老金消费比的中位数 $\left(\dfrac{AE_t}{AC_t}\right)_{\frac{n+1}{2}}$（此处 n = 31），表示各地区人均养老金消费比的平均水平。如果某地区某年份的人均养老金消费比 $\dfrac{AE_{it}}{AC_{it}} > \left(\widetilde{\dfrac{AE_{it}}{AC_{it}}}\right)$，则这一年该地区人均领取的养老金与人均消费之比，高于全国人均养老金消费比平均水平，即该地区属于当年人均养老金水平与人均消费水平的比值相对较高的地区，也就是相对全国平均水平而言，属于人们的退休收入（人均养老金水平）支撑当地生活消费成本较为充裕的地区；反之，如果某地区某年份的人均养老金消费比

$\dfrac{AE_{it}}{AC_{it}} < \left(\widetilde{\dfrac{AE_{it}}{AC_{it}}}\right)$，则这一年该地区人均领取的养老金与人均消费之比，低于全国人均养老金消费比平均水平，即该地区属于当年人均养老金水平与人均消费水平的比值相对较低的地区，也就是相对全国平均水平而言，属于人们的退休收入（人均养老金水平）支撑当地生活消费成本较为困难的地区。

需要特别指出的是，由于采用中位数的概念来计算两个测度指标的全国平均水平，因此分别计算各地区的基本养老保险基金收支比、人均养老金消费比时，一定有某个地区的基金收支比等于全国基金收支比的平均水平，也一定有某个地区的人均养老金消费比等于全国人均养老金消费比的平均水平。不过，由于我们是同时运用这两个测度指标来衡量企业职工基本养老保险基金的地区差异，而计算出的各地区两个测度指标同时等于全国平均水平的情况几乎不会出现，因此我们在后续确定区域分类原则时不考虑两个指标等于全国平均水平的情况。

三、企业职工基本养老保险基金调剂区域划分原则——基于两个测度指标

从两个测度指标的含义可以得知，第一个指标 $\dfrac{I_{it}}{E_{it}}$ 是从总量上衡量地区基本养老保险基金差异，考量不同地区之间企业职工基本养老保险基金收支的相对差异；第二个指标 $\dfrac{AE_{it}}{AC_{it}}$ 则是从人均水平上衡量地区基本养老保险基金差异，考量的是不同地区之间人均养老金收入与人均消费水平之比的相对差异。此外，两个指标的分子项都是收入项，分母项都

是支出项，也就是都同时考虑了收入端和支出端。

　　根据上述两个测度指标，我们计算全国 31 个省市自治区（不含港澳台）的地区基本养老保险基金收支比和人均养老金消费比，然后与两个指标的全国平均水平进行对比，可以将我国 31 个省市自治区分为四大区域（见表 4-3），重新定义企业职工基本养老保险基金地区差异。

表 4-3　基于两个测度指标的调剂区域分类

区域	指标一	指标二
第 I 类区域	$\dfrac{I_{it}}{E_{it}} < \left(\widetilde{\dfrac{I_{it}}{E_{it}}}\right)$	$\dfrac{AE_{it}}{AC_{it}} < \left(\widetilde{\dfrac{AE_{it}}{AC_{it}}}\right)$
第 II 类区域	$\dfrac{I_{it}}{E_{it}} < \left(\widetilde{\dfrac{I_{it}}{E_{it}}}\right)$	$\dfrac{AE_{it}}{AC_{it}} > \left(\widetilde{\dfrac{AE_{it}}{AC_{it}}}\right)$
第 III 类区域	$\dfrac{I_{it}}{E_{it}} > \left(\widetilde{\dfrac{I_{it}}{E_{it}}}\right)$	$\dfrac{AE_{it}}{AC_{it}} < \left(\widetilde{\dfrac{AE_{it}}{AC_{it}}}\right)$
第 IV 类区域	$\dfrac{I_{it}}{E_{it}} > \left(\widetilde{\dfrac{I_{it}}{E_{it}}}\right)$	$\dfrac{AE_{it}}{AC_{it}} > \left(\widetilde{\dfrac{AE_{it}}{AC_{it}}}\right)$

　　第 I 类区域指基本养老保险基金收支比低于全国平均水平、人均养老金消费比也低于全国平均水平的地区。两个测度指标均低于全国平均水平，说明该地区在该年份无论从地区总量水平还是人均水平上看，企业职工基本养老金收入额相对于支出额均低于全国平均水平，收入相比支出均相对不足。国家应考虑重点扶持这类地区，具体到中央调剂金制度上，对该地区的上解比例应适当降低。

　　第 II 类区域指基本养老保险基金收支比低于全国平均水平、人均养老金消费比高于全国平均水平的地区。从地区总量水平来看，这类地区企业职工养老金收入额与支出额的相对值低于全国平均水平，属于当年基金收入支撑当年基金支出相对较为不足的地区；但是从人均水平看，这类地区企业职工的人均养老金收入额相对人均消费支出的比值却高于全国平均水平，属于人们的退休收入（人均养老金水平）支撑当地生活消费成本较为充裕的地区。对处于第Ⅱ类区域的地区，国家可适当调剂，具体到中央调剂金制度上，与处于第Ⅰ类区域的地区相比，对该类地区的上解比例可保持一定力度，但不必太高。

第Ⅲ类区域指基本养老保险基金收支比高于全国平均水平、人均养老金消费比低于全国平均水平的地区。从地区总量水平来看，这类地区企业职工养老金收入额与支出额的相对值高于全国平均水平，属于当年基金收入支撑当年基金支出相对较为宽裕的地区；但是从人均水平看，这类地区企业职工的人均养老金收入额相对人均消费支出的比值却低于全国平均水平，属于人们的退休收入（人均养老金水平）支撑当地生活消费成本较为困难的地区。对处于第Ⅲ类区域的地区，与第Ⅱ类区域相似，国家可适当调剂，具体到中央调剂金制度上，与处于第Ⅰ类区域的地区相比，对该类地区的上解比例可保持一定力度，但不必太高。

第Ⅳ类区域指基本养老保险基金收支比高于全国平均水平、人均养老金消费比也高于全国平均水平的地区。两个测度指标均高于全国平均水平，说明该地区在该年份无论从地区总量水平还是人均水平上看，企业职工基本养老金收入额相对于支出额均高于全国平均水平，收入相比支出均相对充裕。对这类地区，国家应考虑减少扶持，具体到中央调剂金制度上，对该地区的上解比例可适当提高。

本章第三节至第五节将测算全国 31 个省市自治区（不含港澳台）

的基本养老保险基金收支比和人均养老金消费比，并按照企业职工基本养老保险基金地区差异划分原则，对各地区进行调剂区域划分。

第三节　各地区企业职工基本养老保险基金收入支出比测度

根据地区基本养老保险基金收支比的定义，其计算公式为：地区企业职工基本养老保险基金收入支出比 = 当年该地区企业职工基本养老保险基金收入额/该地区该年企业职工基本养老保险基金支出额，即 $\dfrac{I_{it}}{E_{it}}$。其中，I_{it} 是 i 地区第 t 年企业职工基本养老保险基金收入额，E_{it} 是 i 地区第 t 年企业职工基本养老保险基金支出额。我们对未来若干年份全国31个省市自治区（不含港澳台）的基本养老保险基金收支比及全国平均水平进行测算，测算结果如表4-4所示。

表4-4　各地区企业职工基本养老保险基金收支比测算（2020—2025年）

地区	2020年	2021年	2022年	2023年	2024年	2025年
北京市	1.54	1.48	1.42	1.37	1.31	1.26
天津市	1.05	1.01	0.98	0.94	0.91	0.88
河北省	0.88	0.81	0.75	0.69	0.64	0.59
山西省	1.13	1.09	1.05	1.02	0.98	0.95
内蒙古自治区	1.15	1.10	1.05	1.01	0.96	0.92
辽宁省	0.62	0.55	0.48	0.42	0.37	0.32

续表

地区	2020 年	2021 年	2022 年	2023 年	2024 年	2025 年
吉林省	0.87	0.81	0.76	0.70	0.65	0.61
黑龙江省	0.65	0.59	0.53	0.48	0.43	0.39
上海市	1.15	1.11	1.08	1.04	1.01	0.97
江苏省	1.14	1.11	1.07	1.04	1.01	0.98
浙江省	1.34	1.37	1.39	1.42	1.45	1.48
安徽省	1.10	1.03	0.95	0.88	0.82	0.76
福建省	1.15	1.11	1.07	1.03	0.99	0.96
江西省	1.31	1.34	1.37	1.40	1.43	1.46
山东省	0.81	0.74	0.67	0.61	0.56	0.51
河南省	0.98	0.93	0.89	0.85	0.81	0.77
湖北省	1.00	0.99	0.98	0.96	0.95	0.93
湖南省	1.08	1.05	1.02	0.99	0.96	0.93
广东省	1.76	1.69	1.62	1.55	1.49	1.43
广西壮族自治区	1.39	1.45	1.52	1.59	1.67	1.75
海南省	1.24	1.23	1.22	1.21	1.20	1.18
重庆市	1.20	1.22	1.24	1.26	1.28	1.30
四川省	1.66	1.69	1.72	1.75	1.78	1.81
贵州省	1.50	1.59	1.68	1.78	1.89	2.00
云南省	1.68	1.85	2.05	2.26	2.49	2.75
西藏自治区	3.67	4.76	6.16	7.99	10.36	13.42
陕西省	1.09	1.05	1.02	0.99	0.96	0.93
甘肃省	0.89	0.81	0.73	0.67	0.61	0.55
青海省	1.13	1.16	1.19	1.22	1.26	1.29
宁夏回族自治区	1.22	1.22	1.23	1.24	1.24	1.25
新疆维吾尔自治区	1.19	1.19	1.18	1.17	1.17	1.16
中位数平均	1.13	1.10	1.05	1.02	0.98	0.95

表 4 - 4 显示，北京、浙江、江西、广东、四川、云南、西藏、青海、重庆、海南、贵州等地未来若干年的基本养老保险基金收支比均高于全国平均水平，说明从基本养老保险基金总量上看，这类地区与全国平均水平相比，当年基金收入相对当年基金支出而言较为充裕。相比之下，天津、河北、辽宁、吉林、安徽、湖南、甘肃、山西、黑龙江、山东、河南、湖北、陕西等地的基本养老保险基金收支比均低于全国平均水平，说明从基本养老保险基金总量上看，这类地区与全国平均水平相比，当年基金收入相对当年基金支出而言较为不足。这一结论与这些地区当前的基本养老保险基金收支情况较为一致。

第四节　各地区企业职工人均养老金消费比测度

根据地区人均养老金消费比的定义，其计算公式为：各地区人均养老金消费比 =（当年企业职工养老保险的支出/城镇离退休职工人员）/ 当年城镇居民人均消费支出，即 $\dfrac{AE_{it}}{AC_{it}}$，其中，AE_{it} 表示 i 地区第 t 年人均养老金水平，AC_{it} 表示 i 地区第 t 年人均生活消费水平。我们对未来若干年份全国 31 个省市自治区（不含港澳台）的人均养老金消费比及全国平均水平进行测算，测算结果如表 4 - 5 所示。

表 4-5 各地区人均养老金消费比测算（2020—2025 年）

地区	2020 年	2021 年	2022 年	2023 年	2024 年	2025 年
北京市	1.42	1.49	1.57	1.65	1.74	1.83
天津市	1.43	1.49	1.54	1.59	1.65	1.71
河北省	1.74	1.79	1.85	1.91	1.97	2.03
山西省	2.72	2.83	2.94	3.05	3.17	3.30
内蒙古自治区	1.39	1.48	1.57	1.67	1.77	1.88
辽宁省	1.31	1.37	1.43	1.49	1.56	1.63
吉林省	1.35	1.43	1.51	1.59	1.68	1.77
黑龙江省	1.82	1.93	2.05	2.18	2.32	2.46
上海市	1.42	1.49	1.56	1.63	1.70	1.78
江苏省	1.37	1.45	1.54	1.62	1.72	1.82
浙江省	1.29	1.36	1.44	1.52	1.60	1.69
安徽省	1.26	1.29	1.32	1.35	1.38	1.41
福建省	1.65	1.74	1.84	1.94	2.04	2.15
江西省	1.59	1.64	1.68	1.73	1.78	1.84
山东省	1.75	1.80	1.86	1.91	1.97	2.03
河南省	1.92	2.02	2.12	2.24	2.35	2.48
湖北省	1.82	1.87	1.93	1.99	2.05	2.11
湖南省	1.52	1.57	1.62	1.67	1.72	1.78
广东省	1.20	1.23	1.27	1.31	1.34	1.38
广西壮族自治区	1.61	1.71	1.81	1.78	1.95	1.98
海南省	1.91	2.01	2.11	2.21	2.32	2.43
重庆市	1.89	1.96	2.04	2.13	2.21	2.31
四川省	1.40	1.45	1.50	1.55	1.60	1.66
贵州省	2.09	2.12	2.14	2.17	2.20	2.24

续表

地区	2020 年	2021 年	2022 年	2023 年	2024 年	2025 年
云南省	1.25	1.39	1.54	1.70	1.86	2.03
西藏自治区	1.42	1.43	1.45	1.46	1.48	1.49
陕西省	2.27	2.40	2.54	2.69	2.85	3.02
甘肃省	1.32	1.35	1.38	1.41	1.44	1.47
青海省	1.53	1.64	1.75	1.87	1.99	2.11
宁夏回族自治区	1.11	1.22	1.33	1.45	1.58	1.71
新疆维吾尔自治区	1.17	1.25	1.33	1.41	1.50	1.59
中位数平均	1.74	1.79	1.85	1.91	1.97	2.03

表 4-5 显示，山西、黑龙江、山东、河南、湖北、陕西、重庆、海南、贵州等地未来若干年的人均养老金消费比均高于全国平均水平，说明在人均养老金对比人均生活消费支出方面，这类地区与全国平均水平相比，人们的退休收入（人均养老金水平）支撑当地生活消费成本较为充裕。相比之下，天津、河北、辽宁、吉林、安徽、湖南、甘肃、北京、上海、浙江、江苏、江西、广东、广西等地的人均养老金消费比均低于全国平均水平，说明在人均养老金对比人均生活消费支出方面，这类地区与全国平均水平相比，人们的退休收入（即人均养老金水平）支撑当地生活消费成本较为不足。

也就是说，从人均角度看，我国各地区确实存在人均养老金水平与养老金支出总额倒挂的情形，同时也存在人均消费水平与人均养老金水平倒挂的情形。第五节将根据上述两个测度指标数据，结合企业职工基本养老保险基金地区差异划分原则，对全国 31 个省市自治区（不含港澳台）进行调剂区域划分。

第五节　基于地区差异性测度指标的
区域划分及调剂比例设定思路

本章第三节测算了未来年份各地区企业职工基本养老保险基金收入支出比，第四节测算了未来年份各地区人均养老金消费比，分别从总量和人均的视角分析了各地区基本养老保险基金的收支情况。本节则对各地区企业职工基本养老保险基金的地区差异性进行精细化衡量，根据前两节对各地区企业职工基本养老保险基金收支比与各地区企业职工人均养老金消费比这两个测度指标的测算结果，以及第二节所述地区差异的区域划分原则，对我国 31 个省市自治区（不含港澳台）进行区域划分。

根据第二节所述，基本养老保险基金地区差异的区域划分原则如下。首先，计算全国 31 个省市自治区（不含港澳台）的地区基本养老保险基金收支比 $\dfrac{I_{it}}{E_{it}}$ 和地区人均养老金消费比 $\dfrac{AE_{it}}{AC_{it}}$，然后，将各地区两个指标值与相应指标的全国平均水平（$\overline{\left(\dfrac{I_{it}}{E_{it}}\right)}$ 与 $\overline{\left(\dfrac{AE_{it}}{AC_{it}}\right)}$）进行对比。

（1）如果某地区的 $\dfrac{I_{it}}{E_{it}} < \overline{\left(\dfrac{I_{it}}{E_{it}}\right)}$，并且 $\dfrac{AE_{it}}{AC_{it}} < \overline{\left(\dfrac{AE_{it}}{AC_{it}}\right)}$，则该地区属于第 I 类区域，即基本养老保险基金收支比与人均养老金消费比均低于全国平

均水平。在这个区域的地区，无论从地区总量水平还是从人均水平看，企业职工基本养老金收入支撑基金支出均相对不足。这类地区属于国家应重点扶持的地区，中央调剂金的上解比例可适当降低。（2）如果某地区的 $\dfrac{I_{it}}{E_{it}} < \left(\widetilde{\dfrac{I_{it}}{E_{it}}}\right)$，然而 $\dfrac{AE_{it}}{AC_{it}} > \left(\widetilde{\dfrac{AE_{it}}{AC_{it}}}\right)$，则该地区属于第Ⅱ类区域，即基本养老保险基金收支比低于全国平均水平、人均养老金消费比高于全国平均水平。在这个区域的地区，从地区总量水平来看，当年基金收入支撑当年基金支出相对较为不足，但是从人均水平看，这类地区企业职工的退休收入（人均养老金水平）支撑当地生活消费成本相对较为充裕。对这类地区，国家可以进行适当调剂，与处于第Ⅰ类区域的地区相比，对该类地区的养老金上解比例可适当调高。（3）如果某地区的 $\dfrac{I_{it}}{E_{it}} > \left(\widetilde{\dfrac{I_{it}}{E_{it}}}\right)$，然而 $\dfrac{AE_{it}}{AC_{it}} < \left(\widetilde{\dfrac{AE_{it}}{AC_{it}}}\right)$，则该地区属于第Ⅲ类区域，即基本养老保险基金收支比高于全国平均水平、人均养老金消费比低于全国平均水平。在这个区域的地区，从地区总量水平来看，当年基金收入支撑当年基金支出相对较为宽裕，但是从人均水平看，这类地区企业职工的退休收入（人均养老金水平）支撑当地生活消费成本相对较为困难。对这类地区，与第Ⅱ类区域相似，国家可以进行适当调剂，对该类地区的上解比例可适当调高。（4）如果某地区的 $\dfrac{I_{it}}{E_{it}} > \left(\widetilde{\dfrac{I_{it}}{E_{it}}}\right)$ 并且 $\dfrac{AE_{it}}{AC_{it}} > \left(\widetilde{\dfrac{AE_{it}}{AC_{it}}}\right)$，则该地区属于第Ⅳ类区域，即基本养老保险基金收支比、人均养老金消费比均高于全国平均水平。在这个区域的地区，无论从地区总量水平还是从人均水平看，企业职工基本养老金收入支撑基金支出均相对充裕。

对这类地区，国家应考虑减少扶持，中央调剂金的上解比例可适当提高。

　　根据上述区域划分原则与两个测度指标的测算结果，将我国 31 个省市自治区（不含港澳台）分为四大调剂区域，如表 4-6 所示。需要注意的是，随着各地区经济发展水平的提高，少数地区所处的区域会随着时间而发生变动，这就需要中央调剂金制度对各地区调剂力度也随着各地区基本养老保险基金情况的变化而进行微调。

表 4-6　根据地区差异衡量指标划分各地区所属区域（2020—2025 年）

地区	2020 年所属区域	2021 年所属区域	2022 年所属区域	2023 年所属区域	2024 年所属区域	2025 年所属区域
北京市	III	III	III	III	III	III
天津市	I	I	I	I	I	I
河北省	I	I	I	I	I	I
山西省	II	II	II	II	II	II
内蒙古自治区	III	I	I	I	I	I
辽宁省	I	I	I	I	I	I
吉林省	I	I	I	I	I	I
黑龙江省	II	II	II	II	II	II
上海市	III	III	III	III	III	III
江苏省	III	III	III	III	III	III
浙江省	III	III	III	III	III	III
安徽省	I	I	I	I	I	I
福建省	III	III	III	IV	IV	IV
江西省	III	III	III	III	III	III

地区	2020 年所属区域	2021 年所属区域	2022 年所属区域	2023 年所属区域	2024 年所属区域	2025 年所属区域
山东省	II	II	II	I	I	I
河南省	II	II	II	II	II	II
湖北省	II	II	II	II	II	II
湖南省	I	I	I	I	I	I
广东省	III	III	III	III	III	III
广西壮族自治区	III	III	III	III	III	III
海南省	IV	IV	IV	IV	IV	IV
重庆市	IV	IV	IV	IV	IV	IV
四川省	III	III	III	III	III	III
贵州省	IV	IV	IV	IV	IV	IV
云南省	III	III	III	III	III	III
西藏自治区	III	III	III	III	III	III
陕西省	II	II	II	II	II	II
甘肃省	I	I	I	I	I	I
青海省	III	III	III	III	IV	IV
宁夏回族自治区	III	III	III	III	III	III
新疆维吾尔自治区	III	III	III	III	III	III

下面以我国现行中央调剂金制度的调剂比例为基准,结合我国人力资源和社会保障部下一步将加大基本养老保险基金中央调剂力度的精

神，阐述对各地区所属调剂区域进行调剂比例设定的总体思路：

天津、河北、辽宁、吉林、安徽、湖南、甘肃等地属于第Ⅰ类区域，基本养老保险基金收支比和人均养老金消费比均低于全国平均水平，无论从基本养老保险基金总量还是养老金人均水平来看，这类地区的养老金调剂力度都不宜过大，可以考虑调剂比例低于现行比例3%。

山西、黑龙江、河南、湖北、陕西等地属于第Ⅱ类区域，基本养老保险基金收支比低于全国平均水平，但人均养老金消费比高于全国平均水平。从基本养老保险基金总量看，养老金调剂力度不宜太大；从养老金人均水平来看，养老金调剂力度可以适当加大。因此，这类地区的养老金调剂力度应适中，调剂比例可以与现行调剂比例3%基本持平。

北京、上海、浙江、江苏、江西、广东、四川、云南、西藏等地属于第Ⅲ类区域，基本养老保险基金收支比高于全国平均水平，但人均养老金消费比低于全国平均水平。从基本养老保险基金总量看，养老金调剂力度可适当加大；从养老金人均水平来看，养老金调剂力度不宜太大。因此，与第Ⅱ类区域一样，这类地区的养老金调剂力度也应适中，并且由于这类地区的基金收支比大于全国平均值，可以承担上解比例适当加大的压力，故其上解比例可以略大于第Ⅱ类区域。

重庆、海南、贵州等地属于第Ⅳ类区域，基本养老保险基金收支比和人均养老金消费比均高于全国平均水平，无论从基本养老保险基金总量还是从养老金人均水平来看，这类地区的养老金调剂力度可加大一些，故其上解比例应高于第Ⅲ类区域，但最多不宜超过4%。

值得注意的是，表4-6中福建、山东、内蒙古、青海这四个地区的所属区域在未来几年内会有所变化，比如，福建省在2023年将由第

Ⅲ类区域转变为第Ⅳ类区域，青海省在 2024 年将由第Ⅲ类区域转变为第Ⅳ类区域，山东省将在 2023 年将由第Ⅱ类区域转变为第Ⅰ类区域，内蒙古将在 2021 年由第Ⅲ类区域转变为第Ⅰ类区域，相应地，调剂力度也应随之调整。

第六节　本章小结

综上所述，衡量企业职工基本养老保险基金的地区差异既应从收入与支出总量上进行考察，也应考虑从人均养老金收入与人均消费支出等平均水平角度加以分析。本章提出衡量企业职工基本养老保险基金地区差异性的两个测度指标：基本养老保险基金收支比和人均养老金消费比，前者属于总量概念，是从总量上考察基本养老保险的运行情况；后者则属于人均概念，考虑了不同地区退休人员的人均生活质量情况。此外，这两个指标都同时考虑了地区的收入端和生活成本端（支出端）。

根据本章提出的地区基本养老保险基金收支比、地区人均养老金消费比两个指标，我们将全国 31 个省市自治区（不含港澳台）分为四大调剂区域，以我国现行中央调剂金制度的调剂比例为基准，结合我国人力资源和社会保障部下一步将加大基本养老保险基金中央调剂力度的精神，阐述了对各地区所属调剂区域进行调剂比例设定的总体思路。

具体来说，基本养老保险基金收支比和人均养老金消费比均低于全国平均水平的地区属于第Ⅰ类区域，这类地区的养老金调剂力度都不宜过大，可以将调剂比例设定为低于现行比例 3%；基本养老保险基金收支比低于全国平均水平，但人均养老金消费比高于全国平均水平的地区属于第Ⅱ类区域，这类地区的养老金调剂比例可以设定为与现行调剂比例3%持平；基本养老保险基金收支比高于全国平均水平，但人均养老金消费比低于全国平均水平的地区属于第Ⅲ类区域，这类地区的上解比例可以略大于第Ⅱ类区域，即略大于3%；基本养老保险基金收支比和人均养老金消费比均高于全国平均水平的地区属于第Ⅳ类区域，这类地区的养老金调剂力度可加大一些，其上解比例可设定高于第Ⅲ类区域，但最多不宜超过4%。

下一章将根据本章设定的各地区所属区域以及上解比例的设定原则，运用运筹学中的目标规划方法，根据不同地区两个测度指标所呈现出来的不同特点进行调剂，力求确保中央调剂金制度从总量与人均、收入端与支出端四个维度对不同地区进行调剂的公平性。事实上，大多数地区在大多数年份的所属区域并不会变化，因此，调剂力度的调整变动情况并不频繁，相对固定。

第五章

企业职工基本养老保险基金中央调剂金上解比例研究

本书的研究目标是在现有中央调剂金制度的基础上，从总量和平均、收入端和支出端这四个维度综合考察企业职工基本养老保险基金的地区差异，对现行制度的上解比例进行微调，以期提高养老保险调剂制度的地区公平性。

目前，我国实行企业职工基本养老保险基金中央调剂制度，该制度从 2018 年 7 月 1 日起正式实施。企业职工基本养老保险基金中央调剂制度的具体规定是，中央调剂基金由各省基本养老保险基金上解的资金构成，也就是从各省份的基本养老保险基金中提出一部分形成"资金池"，由中央统一调剂使用，确保基本养老金按时足额发放。这一制度的目标是对基本养老保险基金在养老保险负担较轻的省份和养老保险负担较重的省份进行调剂，旨在均衡地区基金负担，也达到东部发达地区支持中西部和老工业基地省份的效果。

不过，一个不可忽视的因素是，各地区经济发展水平的不同也导致了地区生活成本的差异。目前，各省基本养老保险基金上解额是把各省职工平均工资的 90% 和在职应参保人数作为计算上解额的基数，这样计算上解额本质上仅考虑了一个地区的收入端，而未考虑该地区的生活成本端（支出端）。如果仅依据地区收入端而对所有地区采用同一比例上解基本养老保险基金，可能在公平性上有所欠缺。具体来说，如第四章中表4－1、表4－2显示，我国某些地区存在基本养老保险基金收支额与人均养老金水平倒挂、人均养老金水平与人均消费水平倒挂的情形，那么，如果由于某地区基本养老保险基金收入多、在职职工工资水平较高、地区经济发展水平较高而上解养老金过多，然而该地区的人均生活成本相对更高，则调剂公平性下降；或者，如果由于某地区基本养老保险基金收入少、在职职工工资水平较低、地区经济发展水平较低而上解养老金过少，甚至经下拨以后得到的净下拨额度远高于其他地区，然而该地区的人均生活成本却相对更低，则调剂公平性同样会下降。因此，调剂制度在生活成本端（支出端）的公平性将出现某种失衡。本书依据第四章第二节提出的基本养老保险基金地区差异性两个测度指标，提出应充分考虑地区生活成本端（支出端）的差异性。此外，依据第四章第五节提出的调剂区域划分原则，认为从养老保险基金的中央调剂上解端来看，人均生活成本相对较高的地区，可考虑适当调低上解比例，多留存一些基本养老保险基金，用以针对性地改善退休人员人均生活质量，提高人均养老金收入与人均生活成本的匹配度；反之，人均生活成本相对较低的地区，可考虑适当调高上解比例，均衡地区间生活成本差异负担。具体测算方法上，本研究采用运筹学中的目标规划思想，运用目标规划模型设立目标以及若干约束条件，设计基于地区公平的基本养老保险基金中央调剂制度的调剂金上解原则，尝试打破上解比例的单一性，根据各地区的不同情况测算设置上解比例，并在后续年份根据各地区情况适当进行微调，以期提高调剂制度的地区公平性。

116

第一节　地区公平视角下企业职工
基本养老保险基金中央调剂原则设定

现行企业职工基本养老保险中央调剂金制度下，各省基本养老保险基金上解额是按照各省份职工平均工资的90%和在职应参保人数作为计算上解额的基数，上解比例从3%起步，逐步提高。在资金拨付方式上实行以收定支，也就是当年筹集的资金全部拨付到地方。拨付时根据筹集调剂基金的总额和全国离退休人数计算人均拨付额，然后再乘以各地区离退休人数来拨付资金。职工平均工资水平高、参保职工和就业人数多的省份上解的资金较多，离退休人数多的省份得到的拨付资金也多。根据本书的研究思路，我们仅对调剂制度的上解方式进行微调，依据地区差异性两大测度指标，建立目标规划模型并设定若干约束条件，测算各地区调剂比例。

根据第四章第五节设定调剂比例的原则，本书以我国现行中央调剂金制度的调剂比例为基准，在我国现行中央调剂金制度上解比例3%的基础上设定了±1%的浮动幅度，也就是说，将四大区域的上解比例 S_{it} 的取值范围设定为2%至4%。具体阐述如下。

若 i 地区第 t 年基本养老保险基金收支比 $\dfrac{I_{it}}{E_{it}} < \left(\widetilde{\dfrac{I_{it}}{E_{it}}}\right)$、人均养老金消费比 $\dfrac{AE_{it}}{AC_{it}} < \left(\widetilde{\dfrac{AE_{it}}{AC_{it}}}\right)$，基本养老保险基金收支比和人均养老金消费比均

低于全国平均水平，则该地区属于第 I 类区域，无论从基本养老保险基金总量还是从养老金人均水平来看，企业职工基本养老金收入支撑基金支出均相对不足。这类地区属于国家应重点扶持的地区，其养老金调剂力度不宜过大。因此，对处于第 I 类区域的地区，本书在目标规划模型中将其上解比例 S_{it} 的约束条件设定为 $2\% \leqslant S_{it} \leqslant 2.5\%$。

若 i 地区第 t 年基本养老保险基金收支比 $\dfrac{I_{it}}{E_{it}} < \left(\widetilde{\dfrac{I_{it}}{E_{it}}}\right)$、人均养老金消费比 $\dfrac{AE_{it}}{AC_{it}} > \left(\widetilde{\dfrac{AE_{it}}{AC_{it}}}\right)$，基本养老保险基金收支比低于全国平均水平，但是人均养老金消费比高于全国平均水平，则该地区属于第 II 类区域，从基本养老保险基金总量看，当年基金收入支撑当年基金支出相对较为不足，养老金调剂力度不宜太大；然而，从养老金人均水平来看，企业职工的退休收入（人均养老金水平）支撑当地生活消费成本相对较为充裕，养老金调剂力度可以稍大一些。因此，这类地区的养老金调剂力度应适中，在目标规划模型中将其上解比例 S_{it} 的约束条件设定为 $2.5\% < S_{it} \leqslant 3\%$。

若 i 地区第 t 年基本养老保险基金收支比 $\dfrac{I_{it}}{E_{it}} > \left(\widetilde{\dfrac{I_{it}}{E_{it}}}\right)$、人均养老金消费比 $\dfrac{AE_{it}}{AC_{it}} < \left(\widetilde{\dfrac{AE_{it}}{AC_{it}}}\right)$，基本养老保险基金收支比高于全国平均水平，但是人均养老金消费比低于全国平均水平，则该地区属于第 III 类区域，从基本养老保险基金总量看，当年基金收入支撑当年基金支出相对较为宽裕，养老金调剂力度可稍大；然而从养老金人均水平来看，企业职工的

退休收入（人均养老金水平）支撑当地生活消费成本相对较为困难，养老金调剂力度却不宜太大。因此，与第Ⅱ类区域一样，这类地区的养老金调剂力度应适中。不过，由于这类地区的基本养老保险基金收支比大于全国平均水平，可以承担上解比例适当加大的压力，故其上解比例可略大于第Ⅱ类区域，在目标规划模型中将其上解比例 S_{it} 的约束条件设定为 $3\% < S_{it} \leqslant 3.5\%$ 。

若 i 地区第 t 年基本养老保险基金收支比 $\dfrac{I_{it}}{E_{it}} > \left(\widetilde{\dfrac{I_{it}}{E_{it}}}\right)$、人均养老金消费比 $\dfrac{AE_{it}}{AC_{it}} > \left(\widetilde{\dfrac{AE_{it}}{AC_{it}}}\right)$，基本养老保险基金收支比和人均养老金消费比均高于全国平均水平，则该地区属于第Ⅳ类区域，无论从基本养老保险基金总量还是养老金人均水平来看，这类地区的企业职工基本养老金收入支撑基金支出均相对充裕，其养老金调剂力度可加大一些，在目标规划模型中将其上解比例 S_{it} 的约束条件设定为 $3.5\% < S_{it} \leqslant 4\%$ 。

第二节　目标规划建模及约束条件设定

目标规划模型是组织用来实现目标管理的一种线性规划模型。目标规划是解决组织多目标管理的有效方法，它是按照决策者事前确定的若干目标值及其实现的优先次序，在给定的有限资源下寻找偏离目标值最小的解的数学方法。美国学者 A. 查纳斯和 W. W. 库珀 1961 年首先提出了目标规划的概念和数学模型，把线性规划应用于组织，较好地契合了组织经营具有多目标的特点。目标规划的基本概念是：当规定的目标与求得的实际目标值之间的差值为未知时，可用偏差量 d 来表示；如果 d 为实际目标值超过规定目标值的数量，称为正偏差量；如果 d 为实际目标值未达到规定目标值的数量，称为负偏差量。

具体来说，如果组织决策者将若干可控指标作为目标时，可根据各项指标的完成对组织运营活动作出贡献的重要程度，分别赋予这些目标以不同的优先级别 p_k，其中 $k = 1, 2, \cdots, K$。p_1 优先于 p_2，p_2 优先于 p_3 等。在进行目标规划时，应首先实现给予优先级别 p_1 的目标，在此基础上，再相继实现 p_2、p_3 等级别的相应目标。最后，模型使未能达到目标值的偏差量总和为最小。

根据以上目标规划模型的原理，本书将目标规划模型的目标设置为，经调剂后各地区的养老金收支基本达到平衡，同时，采用运筹学中的罚函数思想[1]，建立目标函数如下：

$$Min \sum |R_{it} - E_{it}| d_{it} \qquad （公式 5-1）$$

其中，R_{it} 表示 i 地区第 t 年经上解并下拨后的养老金收入，E_{it} 表示 i 地区第 t 年实际养老金支出，d_{it} 表示惩罚因子，即 R_{it} 和 E_{it} 差值越大，d_{it} 的值应该越大；反之，d_{it} 的值应该越小。由于中央对地方基本养老保险基金调剂后，养老金的收入大于等于支出是一种理想的结果，因此本模型只对养老金收入小于支出的情况进行调整。也就是说，某地区某年份在经过中央调剂后，如果 $R_{it} \geqslant E_{it}$，则 $d_{it} = 0$，也就是不需要"惩罚"；

---

① BAI X M, WANG C Z. An Information Distance Metric Preserving Projection Algorithm, Communications in Computer and Information Science, 2017 (848): 263-272.

相反，当 $R_{it} < E_{it}$ 时，则 $d_{it} > 0$，也就是需要"惩罚"。通过公式 5-1 的优化，将各地区养老金调整为收入与支出尽可能接近的状态。

根据这一罚函数思想，结合我国中央调剂金制度现行上解比例与地区差异性两大测度指标，构建目标规划模型，测算调整后的上解比例，以期提升我国企业职工基本养老保险基金调剂的地区公平性。

本项目构建如下优化模型：

$$MinP\left(\sum d_{it}^+ + \sum d_{it}^- \right) \qquad （公式 5-2）$$

约束条件有两个，分别是：

$$(1)\ I_{it} - W_{it}S_{it} + \frac{\sum W_{it}S_{it}}{\sum RE_{it}}RE_{it} - d_{it}^+ + d_{it}^- = E_{it} \qquad （公式 5-3）$$

$$(2)\ S_{it}: \begin{cases} 2\% \leq S_{it} \leq 2.5\%,当 i 地区 \in 第 \text{I} 类区域 \\ 2.5\% < S_{it} \leq 3\%,当 i 地区 \in 第 \text{II} 类区域 \\ 3\% < S_{it} \leq 3.5\%,当 i 地区 \in 第 \text{III} 类区域 \\ 3.5\% < S_{it} \leq 4\%,当 i 地区 \in 第 \text{IV} 类区域 \end{cases} \qquad （公式 5-4）$$

根据公式 5-1 的罚函数思想，公式 5-2 为目标规划模型的目标式，其中 P 表示 d 的惩罚权重，d_{it}^+、d_{it}^- 表示惩罚因子，结合约束条件中的第一个约束条件（公式 5-3），希望中央调剂后各地区的收入和支出尽可能达到平衡，即各地区的基本养老保险基金收入经过上解与下拨后，尽可能接近该地区的基本养老保险基金支出。

上述约束条件中，I_{it} 指 i 地区第 t 年企业职工基本养老保险基金实际收入，W_{it} 指 i 地区第 t 年职工平均工资的90%与在职应参保人数的乘积，其中，各地区职工平均工资为统计部门提供的城镇非私营单位和私营单位就业人员加权平均工资，各地区在职应参保人数以在职参保人数和国家统计局公布的企业就业人数二者的平均水平为基数核定；S_{it} 指 i 地区第 t 年的上解比例；RE_{it} 指 i 地区第 t 年的离退休人数；E_{it} 指 i 地区第 t 年实际养老金支出。公式 5-3 表示，各地区的基本养老保险基金收入经过上解与下拨后，尽可能接近该地区的基本养老保险基金支出。公式 5-3 所希望达到的目标，实际上是当前中央调剂或未来全国统筹的一个理想状态。

约束条件中，上解比例 S_{it} 的约束取值范围为 2% 至 4%，确定这个约束范围是在我国现行中央调剂金制度上解比例 3% 基础上设定了 ±1% 的浮动幅度。约束条件中的四大类区域，其确定方法见第四章第五节"基于地区差异性测度指标的区域划分及调剂比例设定思路"。中央每年从各地区当年企业职工基本养老保险基金收入中提取一定比例（S_{it}），但与现行制度不同的是，该上解比例不是一个固定值，而是随地区和年份变动的。即，若 i 地区第 t 年的基本养老保险基金总量收支比和人均养老金消费比均低于全国平均水平，则该地区上解比例约束条件设定为 $2\% \leq S_{it} \leq 2.5\%$；若 i 地区第 t 年基本养老保险基金总量收支比低于全国平均水平，但人均养老金消费比高于全国平均水平，则该地区上解比例约束条件设定为 $2.5\% < S_{it} \leq 3\%$；若 i 地区第 t 年基本养老保险基金总量收支比高于全国平均水平，但人均养老金消费比低于全国平均水平，则该地区上解比例约束条件设定为 $3\% < S_{it} \leq 3.5\%$；若 i 地区第 t 年基本养老保险基金总量收支比和人均养老金消费比均高于全国平均水平，则该地区上解比例约束条件设定为 $3.5\% < S_{it} \leq 4\%$。

第三节　目标规划模型求解结果

根据上节目标规划模型及约束条件的设定，运用目标规划软件 LINDO（Linear Interactive Discrete Optimizer）对模型进行求解，得到测算结果如表 5-1 所示。

表 5-1　各地区企业职工基本养老保险基金中央调剂上解比例测算（2020—2025 年）

地区	2020 年	2021 年	2022 年	2023 年	2024 年	2025 年
北京市	3.5%	3.5%	3.5%	3.5%	3.5%	3.5%
天津市	2.5%	2.5%	2.5%	2.5%	2.5%	2.5%
河北省	2.5%	2.5%	2.5%	2.5%	2.5%	2.5%
山西省	3%	3%	3%	3%	3%	3%
内蒙古自治区	3.5%	2.5%	2.5%	2.5%	2.5%	2.5%
辽宁省	2.5%	2.5%	2.5%	2.5%	2.5%	2.5%
吉林省	2.5%	2.5%	2.5%	2.5%	2.5%	2.5%
黑龙江省	3%	3%	3%	3%	3%	3%
上海市	3.5%	3.5%	3.5%	3.5%	3.5%	3.5%
江苏省	3.5%	3.5%	3.5%	3.5%	3.5%	3.5%
浙江省	3.5%	3.5%	3.5%	3.5%	3.5%	3.5%
安徽省	2.5%	2.5%	2.5%	2.5%	2.5%	2.5%
福建省	3.5%	3.5%	3.5%	4.0%	4.0%	4.0%
江西省	3.5%	3.5%	3.5%	3.5%	3.5%	3.5%
山东省	3%	3%	3%	2.5%	2.5%	2.5%

续表

地区	2020 年	2021 年	2022 年	2023 年	2024 年	2025 年
河南省	3%	3%	3%	3%	3%	3%
湖北省	3%	3%	3%	3%	3%	3%
湖南省	2.5%	2.5%	2.5%	2.5%	2.5%	2.5%
广东省	3.5%	3.5%	3.5%	3.5%	3.5%	3.5%
广西壮族自治区	3.5%	3.5%	3.5%	3.5%	3.5%	3.5%
海南省	4%	4%	4%	4%	4%	4%
重庆市	4%	4%	4%	4%	4%	4%
四川省	3.5%	3.5%	3.5%	3.5%	3.5%	3.5%
贵州省	4%	4%	4%	4%	4%	4%
云南省	3.5%	3.5%	3.5%	3.5%	3.5%	3.5%
西藏自治区	3.5%	3.5%	3.5%	3.5%	3.5%	3.5%
陕西省	3%	3%	3%	3%	3%	3%
甘肃省	2.5%	2.5%	2.5%	2.5%	2.5%	2.5%
青海省	3.5%	3.5%	3.5%	3.5%	4%	4%
宁夏回族自治区	3.5%	3.5%	3.5%	3.5%	3.5%	3.5%
新疆维吾尔自治区	3.5%	3.5%	3.5%	3.5%	3.5%	3.5%

由表 5-1 可见，属于第 I 类区域的地区如天津、河北、辽宁、吉林、安徽、湖南、甘肃等地，由于这些地区的企业职工基本养老保险基金收支比、人均养老金消费比均低于全国平均水平，无论从基金总量还是从人均养老金水平来看，企业职工基本养老金收入支撑基金支出均相对不足。故此类地区的养老金调剂力度不宜过大，调剂比例应略低于现行比例 3%，模型求解后这类区域的上解比例为 2.5%。

属于第 II 类区域的地区如山西、黑龙江、河南、湖北、陕西等地，基本养老保险基金收支比低于全国平均水平，但是人均养老金消费比高于全国平均水平，从基本养老保险基金总量看，当年基金收入支撑当年基金支出相对较为不足，养老金调剂力度不宜太大；从养老金人均水平来看，企业职工的退休收入（即人均养老金水平）支撑当地生活消费成本相对较为充裕，养老金调剂力度可以适当加大。因此，这类地区的养老金调剂力度应适中，模型求解后这类区域的调剂上解比例为3%，与现行调剂比例3%持平。

属于第Ⅲ类区域的地区如北京、上海、浙江、江苏、江西、广东、四川、云南、西藏等地，由于这些地区基本养老保险基金总量收支比高于全国平均水平，但是人均养老金消费比低于全国平均水平，从基本养老保险基金总量看，当年基金收入支撑当年基金支出相对较为宽裕，养老金调剂力度可稍大；从养老金人均水平来看，企业职工的退休收入（即人均养老金水平）支撑当地生活消费成本相对较为困难，养老金调剂力度不宜太大。由于这类地区的基金收支比大于全国平均水平，可以承担上解比例适当加大的压力，故其上解比例可以略大于第Ⅱ类区域。模型求解后这类区域的调剂上解比例为3.5%。属于第Ⅲ类区域的地区比第Ⅰ类区域和第Ⅱ类区域的地区数量多，即使属于第Ⅰ类区域的地区上解比例降低，但总体上可供下拨的基金数额比现行调剂比例下可供下拨的基金数额大，符合中央调剂金制度的未来调整方向。

属于第Ⅳ类区域的地区如重庆、海南、贵州等地，由于基本养老保险基金收支比和人均养老金消费比均高于全国平均水平，无论从基本养老保险基金总量还是从养老金人均水平来看，这类地区的企业职工基本养老金收入支撑基金支出均相对充裕，其养老金调剂力度可加大一些，其上解比例应高于第Ⅲ类区域，模型求解后这类区域的调剂上解比例为4%。

　　需要注意的是，由于福建、山东、内蒙古、青海所属区域在未来几年有所变化，表5-1中这四个地区的上解比例也随之改变。比如，福建省在2023年由第Ⅲ类区域转变为第Ⅳ类区域，青海省在2024年由第Ⅲ类区域转变为第Ⅳ类区域，故调剂力度由3.5%变为4%；山东省在2023年由第Ⅱ类区域转变为第Ⅰ类区域，内蒙古将在2021年由第Ⅲ类区域转变为第Ⅰ类区域，相应地，调剂力度也随之调整。

第四节　本章小结

　　本章是在企业职工基本养老保险基金中央现行调剂制度的基础上，根据第四章从总量和人均、收入端和支出端四个维度衡量地区差异所得的各地区所属调剂区域，运用运筹学中的目标规划思想，对现行调剂制度中各地区的基金上解比例进行微调，以期提高养老保险调剂制度的地区公平性。具体测算方法上，本章首先建立了目标规划模型并设定目标及约束条件，目标设定为经中央调剂后各地区的收入和支出尽可能达到平衡，也就是说，各地区的基本养老保险基金收入经过上解与下拨后，尽可能接近该地区的基本养老保险基金支出；约束条件设定为各地区各年份上解比例 S_{it} 的约束取值范围在2%~4%。根据第四章设定的基于地区公平的基本养老保险基金中央调剂制度调剂金上解原则对模型进行求解。调剂的上解比例设定原则为，从基本养老保险基金的中央调剂上解端来看，人均生活成本相对较高的地区，可考虑适当调低上解比例，多留存一些基本养老保险基金，用以针对性改善退休人员人均生活质量，提高人均养老金收入与人均生活成本的匹配度；反之，人均生活成本相对较低的地区，可考虑适当调高上解比例，均衡地区间生活成本差异负担。模型具体求解结果为，分属四大调剂区域的各地区上解比例 S_{it} 取值分别是 2.5%、3%、3.5%、4%，这样的上解比例打破了现行上解比例的单一性，考虑了各地区企业职工基本养老保险基金的总量与人均、收入端与支出端情况，并根据各地区的不同特点有针对性地上解筹集调剂基金，并在后续年份根据各地区情况适当进行微调，可以提高调剂制度的地区公平性。

第六章

企业职工基本养老保险基金地区调剂差额测算

上一章运用目标规划模型求解了不同地区企业职工基本养老保险基金的上解比例，对各地区现行的单一上解比例进行了调整。本章首先介绍我国企业职工基本养老保险中央调剂基金缴拨差额 2019 年预算情况，然后根据我国基本养老保险基金中央调剂制度现行调剂办法的规定，采用经过调整的上解比例，实际测算未来年份各地区的上解额与下拨额，并与 2019 年调剂预算情况进行对比，以考察上解比例经调整后的调剂效果。

第一节　我国企业职工基本养老保险中央调剂基金预算情况

2019 年初，财政部首次披露了中央调剂基金的收支情况。根据财政部数据，2019 年中央调剂基金预算规模 4844.6 亿元，也就是说，各地上缴资金合计 4844.6 亿元[①]，中央要将这 4844.6 亿元全部下拨给地方。表 6 - 1 中数据正值表示该地区上缴额大于拨付额，负值表示该地

---

① 数据来源于国家财政部网站。

区上缴额小于拨付额。

表 6－1 2019 年中央调剂基金缴拨差额情况表（亿元）

地区	2019 年预算数
北京市	262.8
天津市	－11.8
河北省	－59.6
山西省	－35.2
内蒙古自治区	－61
辽宁省	－215.8
吉林省	－98.2
黑龙江省	－183.8
上海市	102.4
江苏省	107.6
浙江省	108.6
安徽省	－29.2
福建省	86.4
江西省	－32.2
山东省	78.8
河南省	－15
湖北省	－92.4
湖南省	－68.8
广东省	474
广西壮族自治区	－29.2
海南省	－5.8
重庆市	－39
四川省	－177.8

续表

地区	2019 年预算数
贵州省	0
云南省	0
西藏自治区	0
陕西省	-17.8
甘肃省	-20.6
青海省	-4.6
宁夏回族自治区	-7.2
新疆维吾尔自治区	-2.6

资料来源：财政部网站

　　从 2019 年预算情况来看（表 6-1），广东、北京、浙江、江苏、上海、福建、山东 7 个省份是"贡献"省份，企业职工基本养老保险基金上解下拨差额为正值，其中广东"贡献"最多，为 474 亿元；辽宁、黑龙江、四川等 21 个地区为"受益"省份①，企业职工基本养老保险基金上解下拨差额为负值；贵州、云南、西藏为"平衡"省份，基金上缴预算与下拨预算持平，上解下拨差额为 0。21 个"受益"省份中，辽宁、黑龙江、四川、吉林、湖北、湖南、内蒙古、河北等地受益资金较多。其中，辽宁、黑龙江、四川受益金额最多，分别为 215.8 亿元、183.8 亿元、177.8 亿元。

　　事实上，下拨到各省的拨付额，仅与核定的离退休人数正相关，因

---

　　① 本书只考虑全国 31 个省市自治区，未将新疆建设兵团包括在内，故 2019 年中央调剂受益省份为 21 个。

此参保职工中离退休人数多的地区收到的拨付额也多。例如，四川省离退休人员比例大、人口流出多，虽然社会平均工资、参保人数、人口老龄化程度与山东省差距不大，但四川是受益省份，山东为贡献省份；同样是由于离退休人数不同，四川与福建两省上缴额差距不到 30 亿元，但前者受益，后者贡献。

第二节 调整各地区上解比例后中央调剂基金缴拨差额测算

根据我国基本养老保险基金中央调剂制度的现行规定，上解额计算公式与下拨额计算公式如下：

各地区职工基本养老保险基金上解额 $= W_{it} S_{it}$　　　　（公式 6 - 1）

各地区职工基本养老保险基金下拨额 $= \dfrac{\sum W_{it} S_{it}}{\sum RE_{it}} RE_{it}$

（公式 6 - 2）

其中，W_{it} 指计算职工基本养老保险基金上解额的基数，即 i 地区第 t 年职工平均工资的 90% 与在职应参保人数的乘积，S_{it} 指 i 地区第 t 年的上解比例，RE_{it} 指 i 地区第 t 年的离退休人数。因此，$\sum W_{it} S_{it}$ 为当年筹集的各省上解资金总额，$\sum RE_{it}$ 则为全国各地区离退休人数之和。中央调剂基金按照人均定额拨付的办法下拨地方，人均拨付额即为当年筹集的各省上解资金总额（ $\sum W_{it} S_{it}$ ）除以全国离退休人数（ $\sum RE_{it}$ ），当年筹集的各省调剂基金上解总额全部下拨地方，以人均拨付额乘以各地区离退休人数（RE_{it}）来拨付资金。将第五章表5-1中各地区调整后的上解比例代入公式6-1，可以测算2020年至2025年企业职工基本养老保险基金调剂情况，附表11和附表12为各地区未来年度的具体上解额与下拨额。

一、各地区企业职工养老保险基金缴拨差额测算

根据上述计算过程得到未来年份各地区企业职工基本保险基金缴拨差额（调整各地区上解比例后），我们首先以2020年基本养老保险基金调剂情况为例具体加以说明。

表6-2　2020年各地区上解与下拨差额（单位：亿元）

地区	上解额	下拨额	缴拨差额
广东省	1519.23	613.43	905.80
北京市	618.47	305.21	313.26
福建省	445.09	196.21	248.88
山东省	904.42	688.59	215.83
云南省	377.81	184.70	193.11
江苏省	1010.31	858.14	152.17
河南省	626.59	495.84	130.75
贵州省	263.53	152.28	111.26
上海市	567.42	527.34	40.08
海南省	112.04	74.25	37.79
青海省	52.73	46.11	6.63
广西壮族自治区	277.87	271.51	6.36
天津市	230.17	230.45	-0.28

续表

地区	上解额	下拨额	缴拨差额
西藏自治区	9.10	9.89	-0.79
宁夏回族自治区	57.46	64.94	-7.48
陕西省	250.17	265.67	-15.50
甘肃省	122.02	152.65	-30.63
山西省	219.85	261.99	-42.15
浙江省	754.56	805.79	-51.23
江西省	278.68	331.66	-52.98
新疆维吾尔自治区	161.25	220.23	-58.98
内蒙古自治区	215.14	277.13	-61.99
河北省	392.78	467.64	-74.86
重庆市	281.84	388.98	-107.14
安徽省	233.84	348.04	-114.20
湖南省	324.96	455.67	-130.71
湖北省	369.58	567.17	-197.59
吉林省	131.88	358.15	-226.27
黑龙江省	228.76	564.75	-336.00
四川省	543.29	879.68	-336.39
辽宁省	296.45	813.17	-516.73

表6-2根据2020年各地区上解额与下拨额的差额将各地区按由大到小的顺序进行了排列，在此我们将上解额与下拨额的差额为正值的地区称为"贡献"省份，将上解额与下拨额的差额为负值的地区称为"受益"省份。由表中数据看出，"贡献"省份有12个，其中，广东、北京、浙江、福建、山东、江苏、上海这7个省份，与2019年一样仍

然是"贡献"省份（上解额与下拨额的差额为正值），不同的是，贡献省份中多了云南、贵州、海南、青海和广西，这是由于，这些地区均属于第Ⅲ、Ⅳ类区域，上解比例有所上浮，上解额增多，同时，这些地区离退休人数相对较少，因此可以维持较少的下拨额。其余 19 个地区为"受益"省份（上解额与下拨额的差额为负值），净下拨资金为当地的养老金足额发放提供了支持。"受益"省份中，辽宁、四川、黑龙江、吉林、湖北、湖南、安徽等地受益资金较多。其中，辽宁、四川、黑龙江、吉林四省受益金额位列前四。这一格局与 2019 年相同。可以看到，除了东北三省，四川、湖北、湖南等人口流出大省，明显受益于中央调剂金。这一调剂效果从图 6 - 1 来看更为直观。

由表 6 - 2 与图 6 - 1 看到，本书的测算结果与财政部发布的 2019 年中央调剂金预算情况相比，调剂贡献省份多了五个，调剂受益省份与 2019 年基本持平，没有调剂平衡省份。广东、北京、福建、山东等经济发展水平高的地区，其上缴额与下拨额的差额仍然居于全国前列，但考虑到这些地区的人均消费水平较高，其上解比例却不是最高的地区；黑龙江、辽宁、吉林等老工业基地，考虑到其基本养老保险基金支出与人均消费水平较高而降低了调剂金上解比例，不过仍然属于调剂受益省份，符合中央调剂要均衡地区间基本养老保险基金负担的初衷。

二、各地区企业职工养老保险基金调剂受益省份与贡献省份分析

上一节对根据调整后的基金上解比例所得 2020 年各地区企业职工养老保险基金缴拨差额进行了具体阐述，本节继续对未来若干年的各地

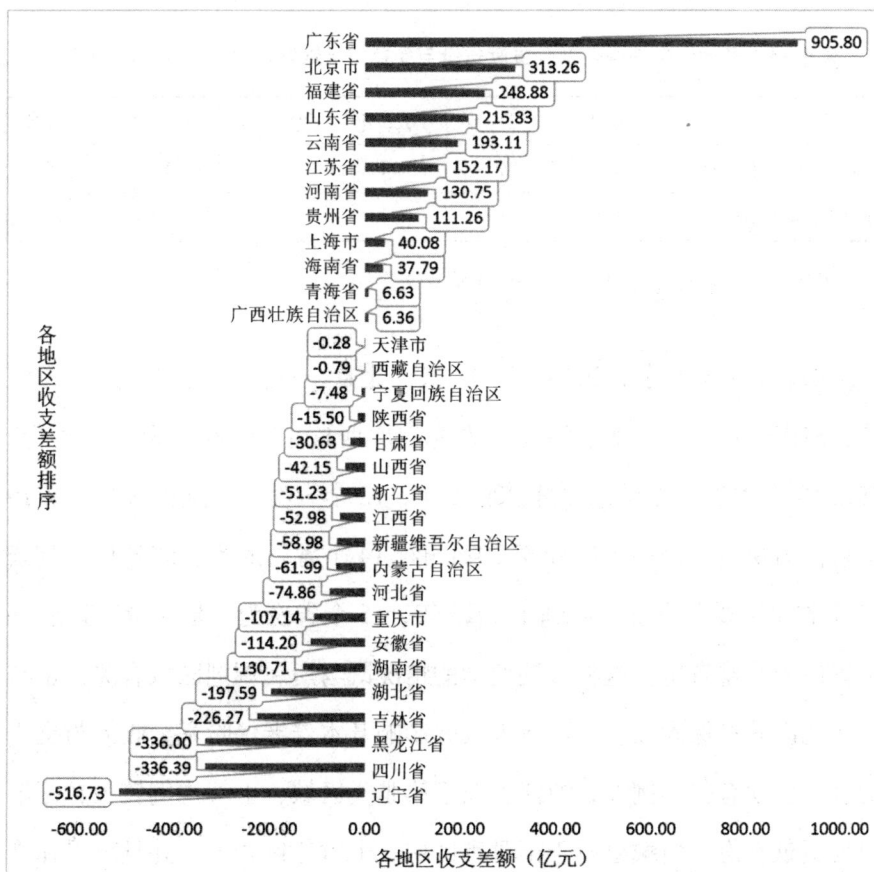

图 6 - 1　2020 年各地区上解与下拨差额对比图（单位：亿元）

区基本养老保险基金调剂情况作出分析。为审慎起见，我们仅测算
2020 年到 2025 年的情况，将养老保险基金调剂受益省份与贡献省份进
行对比。表 6 - 3 根据附表 11、附表 12 整理而得。

表6-3　各地区中央调剂基金贡献省份与受益省份数量对比（2020—2025年）

	2020年	2021年	2022年	2023年	2024年	2025年
调剂贡献省份个数	12	12	14	14	14	15
调剂受益省份个数	19	19	17	17	17	16

资料来源：根据附表11、附表12整理而得

　　如表6-3所示，2020年，广东、北京、福建、山东、云南、江苏、河南、贵州、上海、海南、青海、广西这12个省份为贡献省份，其余19个省份则为受益省份；2021年，12个省份为贡献省份，其余19个省份为受益省份；2022年至2024年，14个省份成为贡献省份，其余17个省份为受益省份；而到了2025年，15个省份为贡献省份，其余16个省份为受益省份。这种微调变动的情况既与所属调剂区域有关，也与这些地区的参保人数、离退休人数等影响基本养老保险基金收入与支出的因素变动有关，例如，浙江省属于第Ⅲ类区域，上解比例较大，逐渐成为贡献省份；西藏也属于第Ⅲ类区域，上解比例较大，并且离退休人员数量较少，最终也成为贡献省份。

　　总之，基于地区基本养老保险基金收支比、地区人均养老金消费比两个测度指标，根据各地区不同情况进行调剂，有利于提升企业职工基本养老保险基金中央调剂的地区公平性。

第三节 本章小结

本章首先介绍了我国企业职工基本养老保险中央调剂基金缴拨差额 2019 年预算情况，然后根据我国基本养老保险基金中央调剂制度现行调剂办法的规定，采用第五章目标规划模型求解得出的经过调整的上解比例，实际测算了 2020 年至 2025 年各地区的上解额与下拨额，并与 2019 年调剂预算情况进行了对比。

与财政部发布的 2019 年中央调剂金预算情况相比，本章测算的调剂贡献省份相对较多，例如，2020 年、2021 年均比 2019 年多了五个调剂贡献省份，而调剂受益省份与 2019 年基本持平，并且没有调剂平衡省份。其中，广东、北京、福建、山东等经济发展水平高的地区，其上缴额与下拨额的差额仍然居于全国前列，不过由于这些地区的人均消费水平较高，其上解比例并不是最高的地区；黑龙江、辽宁、吉林等老工业基地，考虑到其基本养老保险基金支出与人均消费水平较高而降低了调剂金上解比例，不过仍然属于调剂受益省份，符合中央调剂要均衡地区间基本养老保险基金负担的初衷。

总体而言，与现行中央调剂金制度的上解比例相比，打破了地区上解比例的单一性，在某种程度上增加了政策的精细度，但其政策复杂度也相应升高。在公平与效率的取舍中，可以适当加以平衡。

第七章

结束语

本研究考察了我国企业职工基本养老保险基金收入与支出的地区差异，提出了衡量这种地区差异的两个测度指标，基于两个测度指标将全国31个省市自治区（不含港澳台）按照设定标准划分为不同调剂区域，并测算了经调整后的各地区养老保险基金上解比例。本研究已突破的难点有两个。（1）提出基本养老保险基金地区差异测度指标。本书综合分析了各地区基本养老保险基金总量收支差异和各地区人均养老金水平及人均消费水平差异，提炼出影响地区差异的关键维度为总量与人均、收入端与支出端，根据关键影响维度设计基本养老保险基金地区差异测度指标，并运用这两个测度指标来综合衡量并验证养老保险基金地区差异。（2）测算养老保险基金中央调剂制度的各地区上解比例。基于两个测度指标将全国31个省市自治区（不含港澳台）按照设定标准划分为不同调剂区域，运用运筹学目标规划模型对各地区养老保险基金上解比例进行动态测算，最终给出养老保险基金中央调剂制度的调整建议。

研究起点是分析我国企业职工基本养老保险基金的地区差异。我国不同地区经济发展水平存在较大差异，基本养老保险基金收支情况也差异较大。一般来说，各地区的城镇劳动力人口、离退休人口、城镇化率、失业率、养老保险参保率、社会平均工资及其增长率、养老保险缴费率、养老保险征缴率等差异最终导致各地区基本养老保险基金的收入与支出差异。然而，企业职工基本养老保险基金的地区差异除了体现在各地区基金收入与支出差异之外，还体现在各地区人均养老金水平与人均消费水平的差异上。首先，各地区人均养老金水平存在差异。即使某地区的基本养老保险基金总收入和总支出均不高，但由于该地区的退休人员数量少，那么，从平均水平上看，该地区的人均养老金水平可能并不低。其次，基本养老保险制度的地区差异也与不同地区的人均消费水平存在差异有关。假设某地区的人均养老金水平不高，然而该地区的人均消费水平也很低，那么总体而言，该地区的基本养老保险基金收支情况可能符合当地的人均消费水平。考虑另一种情况，假设某地区的基本养老保险基金收入支出较高，人均养老金水平较高（假如高于所有地区的平均水平），然而该地区的人均消费水平也高于所有地区的平均水平，那么这个地区的养老金收支可能就是比较合理的。中央调剂金制度提取统一的上解比例，对各地区民众生活消费水平的实际差异有所忽略，将在地区公平性上有所缺失。

从我国现行中央调剂金制度的上缴下拨计算方法来看，上缴端考虑了各地区职工收入水平及应参保职工规模，下拨端考虑了各地区离退休人员规模，并以全国人均拨付额这一平均水平根据各地区离退休人员规模下拨。我们知道，各地区基本养老保险基金收入与当地企业职工收入水平、参保职工人数密切相关，各地区基本养老保险基金总量支出则与企业职工离退休人数、当地职工社会平均工资密切相关，因此，调剂金制度的上缴端与各地区基本养老保险基金收入产生了较密切的关联，而下拨端则仅考虑了地区离退休人员数量，未考虑地区实际生活消费水平，故下拨端并未与地区基本养老保险基金支出产生实际关联。这样看来，基金收入相对高的地区通常上缴调剂金的额度也大，而基金支出相对高的地区，下拨调剂金的力度却可能较小。因此，现行中央调剂金制度主要考虑了各地区基本养老保险基金的收入端和总量因素，而对支出端及人均因素有所忽略。

本项目基于总量与人均、收入端与支出端四个维度对中央调剂金制度中的各地区上解比例进行了调整。具体来说，提出了地区基本养老保险基金收支比、地区人均养老金消费比这两个测度指标，前者属于总量概念，是从总量上考察基本养老保险的运行情况；后者属于人均概念，考虑了不同地区退休人员的人均生活质量情况。此外，这两个指标均同时考虑了地区的收入端和生活成本端（即支出端）。根据地区基本养老保险基金收支比、地区人均养老金消费比两大指标，我们把全国 31 个省市自治区（不含港澳台）分为四大类区域，然后根据不同区域两个指标所呈现的特点来进行中央调剂，从而能够保证中央调剂金制度从总量与人均、收入端与支出端四个维度对不同地区进行调剂的公平性。各地区上解比例的确定与具体调剂原则将采用运筹学中的目标规划方法，建立目标规划模型并设定若干约束条件，根据不同地区的不同情况求出各地区上解比例，进行基金调剂。

经过测算，将调剂上解比例设定为四档，分别为 2.5%、3%、3.5% 和 4%。天津、河北、辽宁等地属于第 I 类区域，这些地区的企业职工基本养老保险基金收支比、人均养老金消费比均低于全国平均水平，故养老金调剂力度不宜过大，模型求解后其上解比例为 2.5%。山西、黑龙江、河南等地属于第Ⅱ类区域，基本养老保险基金收支比低于全国平均水平，但人均养老金消费比高于全国平均水平，从基本养老保险基金总量看，养老金调剂力度不宜太大；从养老金人均水平来看，养老金调剂力度可以适当加大。因此，这类地区的养老金调剂力度应适中，模型求解后其调剂上解比例为3%，与现行调剂比例3%持平。北京、上海、浙江等地属于第Ⅲ类区域，这些地区基本养老保险基金收支比高于全国平均水平，但人均养老金消费比低于全国平均水平，从基本养老保险基金总量看，养老金调剂力度可稍大；从养老金人均水平来看，养老金调剂力度不宜太大。由于这类地区的基金收支比大于全国平均值，其上解比例可以略大于第Ⅱ类区域，模型求解后其调剂上解比例为3.5%。重庆、海南、贵州等地属于第Ⅳ类区域，基本养老保险基金总量收支比和人均养老金消费比均高于全国平均水平，无论从基本养老保险基金总量还是养老金人均水平来看，这类地区的养老金调剂力度可加大一些，其上解比例应高于第Ⅲ类区域，模型求解后其调剂上解比例为4%。

作为实现养老保险全国统筹的第一步，企业职工基本养老保险基金中央调剂制度建立的初衷是要均衡地区间基本养老保险基金负担，实现基本养老保险制度可持续发展。充分考虑地区之间基本养老保险基金负担不平衡问题的同时，适当考虑地区人均消费水平等支出端的不平衡问题，使调剂"贡献"省份有所增加，使各地区的调剂上解比例更趋合理，从而提升中央调剂制度的地区公平性。

本研究尚存有不足之处，各地区人口指标、经济发展指标及养老保险相关指标的数据主要根据国家统计局网站地区年度数据及各地区

《人力资源和社会保障事业发展统计公报》搜集统计，在有些指标数据缺失的情况下，地区差异的测算准确性上有待提高。同时，考虑到人口老龄化程度可能在近年达到顶峰，本书仅对 2020 年至 2025 年基本养老保险基金上缴下拨情况做了测算，以后仍需进一步测算未来更长时期的中央调剂基金各地区上解下拨情况。此外，本书提出的各地区基金上解比例测算及其调整办法，与现行中央调剂基金制度的上解比例相比，打破了地区上解比例的单一性，在某种程度上增加了政策的精细度，但其政策复杂度也相应升高。在公平与效率的取舍中，应该适当加以平衡。

主要参考文献

[1] GRECH A G. Assessing The Sustainability of Pension Reforms in Europe: Centre for Analysis of Social Exclusion [D]. London: London School of Economics, 2010.

[2] DE MESA A A, MESA – LAGO C. The Structural Pension Reform in Chile: Effects, Comparisons with Other Latin American Reforms, & Lessons [J]. Oxford Review of Economic Policy, 2006, 22: 149 – 167.

[3] ZAIDI A, GRECH A G. Pension policy in EU25 & its impact on pension benefits [J]. Benefits, 2007, 15: 299 – 311.

[4] BORELIA M. The distributional impact of pension system reforms: an application to the Italian case [J]. Fiscal Studies, 2004 (25): 415 – 437.

[5] ARZA C. Distributional Impacts of Pension Policy in Argentina: Winners & Losers within & Across Generations [J]. International Social Security Review, 2006, 59: 79 – 102.

[6] BECKER C M, PALTSEV S. Macro – experimental Econonmics in

the Kyrgz Republic: Social Security Sustainability & Pension Reform ［J］.
Comparative Economic Studies. Flushing, 2001, 43 (3): 1 – 34.

［7］ CORONADO J L, FULLERTON D & GLASS T. Distributional Aspects of Social Security & Social Security Reform ［M］. Chicago: University of Chicago Press, 2002.

［8］ Cremer H, Pestieau P. The double dividend of postponing retirement ［J］. International Tax & Public Finance, 2003, 10 (4): 419 – 434.

［9］ Enoff L D, Mckinnon R. Social Security Contribution Collection & Compliance: Improving Governance to Extend Social Protection ［J］. International Social Security Review, 2011, 64: 99 – 119.

［10］ Ervik R. The Redistributive Aim of Social Policy: A Comparative of Taxes, Tax Expenditure Transfers and Direct Transfers in Eight Countries ［M］ //LIS Working Paper Series No. 184. Luxembourg: Luxembourg Income Study, 1998.

［11］ European Commission. Objectives & working methods in the area of pensions: Applying the open method of coordination, Joint Report of the Social Protection Committee & the Economic Policy Committee ［M］. Luxembourg: Official Publications of the European Communities, 2001.

［12］ FELDSTEIN M, LIEBMAN J. Social Security ［J］. Handbook of Public Economics, 2002, 4: 2245 – 2324.

［13］ GALASSO V. Postponing retirement: The political effect of aging ［J］. Journal of Public Economics, 2008, 92 (10 – 11): 2157 – 2169.

[14] HOLZMANN R & HINZ R. Old – Age Income Support in the 21st Century: An International Perspective on Pension Systems & Reform [M]. Washington, D. C: World Bank, 2005: 55 –58.

[15] LACOMBA J A, LAGOS F. Postponing the legal retirement age [J]. Journal of the Spanish Economic Association, 2010, 1 (3): 357 – 369.

[16] LEIMER D R & RICHARDSON D H. Social Security and Uncertain Adjustment and the Consumption Decision [J]. Economican, 1992, 59: 311 –354.

[17] FELDSTEIN M., LIEBMAN J B, Handbook of Public Economics, Volume 4, Elsevier Science B. V., 2002.

[18] FELDSTEIN M, LIEBMAN L B. The Distributional Aspects of Social Security and Social Security reform [M]. Chicago: The University of Chicago Press, 2002.

[19] SETTERGREN O, MIKULA B D. The rate of return of pay – as – you – go pension systems: a more exact consumption – loan model of interest [J]. Journal of Pension Economics & Finance. 2005, 4: 115 –138.

[20] LEE R, YAMAGTA H. Sustainable Social Security: What would it cost? [J]. National Tax Journal, 2003, 56 (1): 27 –43.

[21] Schnabel R. Rates of Return of the German Pay – As – You – Go Pension System, Public Finance Analysis [J]. New Series, 1998, 55: 374 – 399.

[22] 白彦锋, 王秀园. 全国养老保险中央调剂制度中激励相容问

题研究 [J]. 山东财经大学学报, 2018 (4).

[23] 边恕, 张铭志. 职工养老保险制度中央调剂最优比例研究——基于省际基金结余均衡的政策目标 [J]. 中国人口科学, 2019 (6).

[24] 蔡小慎, 张瑞丽. 我国基本养老保险水平地区差异的影响因素之实证分析 [J]. 大连理工大学学报 (社会科学版), 2009 (3).

[25] 陈昱阳. 养老金中央调剂金制度的效应分析 [J]. 劳动保障世界, 2017 (12).

[26] 褚福灵. 关于基本养老保险全国统筹的思考 [J]. 中国社会保障, 2013 (6).

[27] 崔红艳, 徐岚, 李睿. 对 2010 年人口普查数据准确性的估计 [J]. 人口研究, 2013 (1).

[28] 崔开昌, 汪泓, 任慧霞, 等. 基于养老金缺口的划转国有资本充实社会保障基金研究——以上海市为例 [J]. 中国老年学杂志, 2016 (6).

[29] 邓大松, 仙蜜花. 延长退休年龄对基本养老保险统筹基金收支平衡的影响研究 [J]. 江西财经大学学报, 2015 (5).

[30] 邓悦, 汪佳龙. 企业职工基础养老金全国统筹中的央地关系研究——基于博弈论的分析视角 [J]. 社会保障研究, 2018 (4).

[31] 丁煜, 沈金花. 我国社会养老保险替代率的地区差异及其影响因素研究 [J]. 甘肃行政学院学报, 2012 (5).

[32] 房连泉, 魏茂淼. 基本养老保险中央调剂制度未来十年的再分配效果分析 [J]. 财政研究, 2019 (8).

[33] 房连泉. 实现基本养老保险全国统筹的三种改革路径及利弊

分析［J］．北京工业大学学报，2019（5）．

［34］封进．中国城镇职工社会保险制度的参与激励［J］．经济研究，2013（7）．

［35］封进．中国养老保险体系改革的福利经济学分析［J］．经济研究，2004（2）．

［36］封铁英，贾继开．基于状态转移矩阵（STM）模型的城镇职工基本养老保险制度可持续性研究［J］．西北人口，2009（11）．

［37］顾海兵，刘杨．国家经济安全指标应增加养老金缺口［J］．财政研究，2012（3）．

［38］郭永芳．城镇职工基本养老保险制度财务平衡与可持续性研究［J］．经济问题，2011（7）．

［39］韩烨．从制度赡养率看我国养老保险基金发展面临的挑战［J］．经济纵横，2013（2）．

［40］何立新．中国城镇养老保险制度改革的收入分配效应［J］．经济研究，2007（3）．

［41］何文炯，杨一心．基本养老保险全国统筹学理基础辨析［J］．中国社会保障，2015（7）．

［42］侯佳伟，辛自强，黄四林，等．横断历史元分析的原理、方法及人口学应用［J］．人口研究，2015（1）．

［43］罗伯特·霍尔茨曼，约瑟夫·E. 斯蒂格利茨.21世纪可持续发展的养老金制度［M］．胡劲松，等译．北京：中国劳动与社会保障出版社，2004.

［44］贾洪波，方倩．基础养老金省级统筹到全国统筹再分配效应

的比较静态分析［J］．保险研究，2015（1）．

　　［45］贾军．"统筹范围"对养老保险制度建设的影响［J］．中国社会保障，2002（12）．

　　［46］江小涓，李辉．我国地区之间实际收入差距小于名义收入差距——加入地区间价格差异后的一项研究［J］．经济研究，2005（9）．

　　［47］江春泽，李南雄．养老保险改革老矛盾新问题——探讨选择符合我国国情的社会保障的目标模式［J］．中国经济信息，1999（22）．

　　［48］金博轶，闫庆悦．养老保险统筹账户收支缺口省际差异研究［J］．保险研究，2015（6）．

　　［49］金刚，张秋秋．制度赡养率基尼系数与养老保险基金中央调剂改革［J］．财政研究，2019（9）．

　　［50］靳永爱．低生育率陷阱：理论、事实与启示［J］．人口研究，2014（1）．

　　［51］寇国明，邱长溶．统筹城乡的基本养老保险个人账户基金市场化运营机制与模式［J］．财经研究，2008（3）．

　　［52］雷晓康，郝康．中国养老保险省级统筹的经验与问题［J］．理论学刊，2009（11）．

　　［53］雷晓康，席恒．基本养老保险全国统筹方案比较与选择［J］．中国社会保障，2011（6）．

　　［54］雷晓康，左婷．改革退休年龄的时机和方案设计——基于陕西省基本养老保险省级统筹运行效果分析［J］．社会保障研究，2013（2）．

[55] 李波，苗丹. 我国社会保险费征管机构选择——基于省级参保率和征缴率数据 [J]. 税务研究，2017 (12).

[56] 李俊. 城镇化、老龄化背景下新型农村养老保险财务状况研究：2011 年~2050 年 [J]. 保险研究，2012 (5).

[57] 李善同，侯永志. 中国大陆：划分八大社会经济区域 [J]. 经济研究，2003 (5).

[58] 李伟. 统筹城乡居民基本养老保险制度研究——以河南省郑州市为例 [J]. 江苏农业科学，2012 (5).

[59] 李秀芳，黄志国，陈孝伟. 全面二孩政策能够解决人口老龄化困境吗？——统账结合制养老保障制度下的 OLG 分析 [J]. 中央财经大学学报，2017 (12).

[60] 林毓铭. 社会保障管理体制 [M]. 北京：社会科学文献出版社，2006.

[61] 林毓铭. 社会保障可持续发展论纲 [M]. 北京：华龄出版社，2005.

[62] 林毓铭. 体制改革：从养老保险省级统筹到基础养老金全国统筹 [J]. 经济学家，2013 (12).

[63] 林治芬，孟达思. 企业养老保险负担地区差异及其制度完善 [J]. 中国社会保障，2012 (8).

[64] 刘祁，王宣植，刘源. 解决养老金缺口的国际比较与经验启示——以俄、日、加、美为例 [J]. 地方财政研究，2012 (1).

[65] 刘伟兵，韩天阔，刘二鹏，等. 养老保险全国统筹中的待遇确定方法与"福利损失"研究 [J]. 保险研究，2018 (4).

[66] 刘学良. 中国养老保险的收支缺口和可持续性研究 [J]. 中国工业经济, 2014 (9).

[67] 刘长庚, 张松彪. 我国企业职工基本养老保险制度中企业缴费率应降低 [J]. 经济纵横, 2014 (12).

[68] 陆程. 风险视域下养老保险基金的可持续发展研究 [J]. 经济研究导刊, 2019 (04): 93 – 94.

[69] 穆怀中, 柳清瑞. 中国养老保险制度改革关键问题研究 [M]. 北京: 中国劳动保障出版社, 2006.

[70] 穆怀中, 闫琳琳, 张文晓. 养老保险统筹层次收入再分配系数及全国统筹类型研究 [J]. 数量经济技术经济研究, 2014 (4).

[71] 彭浩然, 呙玉红, 周坚. 改革前后我国基本养老保险社会统筹的公平性研究 [J]. 保险研究, 2010 (5).

[72] 彭浩然, 王琳琳. 中央调剂金比例对养老保险基金地区差距的影响 [J]. 保险研究, 2019 (7).

[73] 彭浩然, 岳经纶, 李晨烽. 中国地方政府养老保险征缴是否存在逐底竞争 [J]. 管理世界, 2018 (2).

[74] 饶茜, 江文昶, 姜宇. 提高我国养老保险退休年龄的相关研究——财务平衡下对缴费率影响的定量分析 [J]. 财经问题研究, 2005 (1).

[75] 任若恩, 蒋云, 徐楠楠, 等. 中国代际核算体系的建立和对养老保险制度改革的研究 [J]. 经济研究, 2004 (9).

[76] 芮立新. 劳动力转移对基本养老保险基金地区差异的影响 [J]. 中国社会保障, 2013 (2).

[77] 石晨曦,曾益.破解养老金支付困境:中央调剂制度的效应分析 [J].财贸经济,2019(2).

[78] 苏春红,李松.养老金支付风险预测及延迟退休作用评估——以S省为例 [J].财政研究,2016(7).

[79] 唐运舒,吴爽爽."全面二孩"政策实施能有效破解城镇职工养老保险基金支付危机吗——基于不同人口政策效果情景的分析 [J].经济理论与经济管理,2016(12).

[80] 万春,邱长溶.我国养老保险体系的全国统筹模型建立及预测分析 [J].预测,2006(3).

[81] 汪伟.人口老龄化、养老保险制度变革与中国经济增长——理论分析与数值模拟 [J].金融研究,2012(10).

[82] 王欢.江苏省人口老龄化背景下基本养老保险基金的失衡与应对 [J].中国老年学杂志,2018(11).

[83] 王金营,戈艳霞.2010年人口普查数据质量评估以及对以往人口变动分析校正 [J].人口研究,2013(1).

[84] 王小鲁,樊纲.中国地区差距的变动趋势和影响因素 [J].经济研究,2004(1).

[85] 王晓军,康博威.我国社会养老保险制度的收入再分配效应分析 [J].统计研究,2009(11).

[86] 王晓军,任文东.我国养老保险的财务可持续性研究 [J].保险研究,2013(4).

[87] 王晓军,赵彤.中国社会养老保险的省区差距分析 [J].人口研究,2006(3).

[88] 王晓军. 我国基本养老保险的十个"迷思" [J]. 保险研究, 2013 (11).

[89] 王晓军. 中国基本养老保险基金统筹层次的探讨 [M]. 北京：北京大学出版社, 2005.

[90] 王雅婷, 张刚旭, 万里虹. 我国农村合作医疗发展状况的横断历史研究：1994～2017 [J]. 保险研究, 2018 (1).

[91] 魏升民, 向景, 马光荣. 基本养老保险中央调剂金的测算及其潜在影响 [J]. 税收经济研究, 2018 (6).

[92] 吴湘玲. 我国区域基本养老保险协调发展研究 [M]. 武汉：武汉大学出版社, 2006.

[93] 席恒, 雷晓康. 基本养老保险全国统筹的思路与支持条件 [J]. 社会管理研究, 2011 (3).

[94] 肖严华. 21 世纪中国人口老龄化与养老保险个人账户改革——兼谈"十二五"实现基础养老金全国统筹的政策选择 [J]. 上海经济研究, 2011 (12).

[95] 肖严华. 上海养老保险制度的结构改革与制度整合 [J]. 上海经济研究, 2010 (6)

[96] 许志涛. 养老保险调节收入分配的作用机理及效果研究——以城镇职工基本养老保险为主体的分析 [D]. 成都：西南财经大学, 2014.

[97] 薛惠元, 邓大松. 我国养老保险制度改革的突出问题及对策 [J]. 经济纵横, 2015 (5).

[98] 薛惠元, 张寅凯. 基于基金收支平衡的企业职工基本养老金

调剂比例测算 ［J］．保险研究，2018（10）．

［99］闫琳琳，穆怀中．养老金统筹层次提升的收入再分配效应研究——以辽宁省级统筹为例 ［J］．社会保障研究，2012（6）．

［100］闫琳琳．基本养老保险统筹层次提升的收入再分配研究 ［D］．沈阳：辽宁大学，2012．

［101］杨建海．建立中央调剂金制度意义重大 ［N］．中国社会科学报，2018 － 08 － 07（008）．

［102］杨晶．我国基本养老保险基金保值增值的问题与对策 ［J］．当代经济管理，2018，40（11）：90 － 97．

［103］杨俊．职工基本养老保险制度财务影响因素研究——以全国统筹背景下的社会统筹制度为对象 ［J］．中国人民大学学报，2015（3）．

［104］杨燕绥，黄成凤．从中央调剂到全国统筹的质变与路径 ［J］．中国人力资源社会保障，2018（3）．

［105］杨再贵．企业职工基本养老保险、养老金替代率和人口增长率 ［J］．统计研究，2008（5）．

［106］于洪，钟和卿．中国基本养老保险制度可持续运行能力分析——来自三种模拟条件的测算 ［J］．财经研究，2009（9）．

［107］于洪，曾益．退休年龄、生育政策与中国基本养老保险基金的可持续性 ［J］．财经研究，2015（6）．

［108］袁磊，尹秀，王君．"全面二孩"、生育率假设与城镇职工养老保险资金缺口 ［J］．山东财经大学学报，2016（2）．

［109］岳公正，王俊停．我国社会养老保险基金组合投资风险比

较分析 [J]. 统计与决策，2018，34（08）：156-159.

[110] 张车伟. 人口老龄化、劳动力市场变化与养老保障问题——完善企业职工基本养老保险制度的思考 [J]. 老龄科学研究，2013（7）.

[111] 张冬敏，张思锋. 省际人口迁移对基本养老保险基金缺口的影响研究——以陕西省为例 [J]. 统计与信息论坛，2012（1）.

[112] 张丽敏. 企业职工基本养老保险基金中央调剂制度再分配效应研究——基于省际差异的分析 [J]. 劳动保障世界，2019（26）.

[113] 张思锋，王立剑，张文学. 人口年龄结构变动对基本养老保险基金缺口的影响研究——以陕西省为例 [J]. 预测，2010（3）.

[114] 张向达，刘儒婷，胡鹏，等. 实现基本养老保险基金全国统筹路径探讨 [J]. 财经问题研究，2011（8）.

[115] 张盈华. 基本养老保险基金的风险特征与风险规避 [J]. 上海大学学报（社会科学版）2013（6）.

[116] 张勇. 基本养老保险基金的调剂效果研究 [J]. 统计研究，2019（6）.

[117] 赵斌，原浩爽. 我国基础养老金财务平衡与可持续性分析——基于财政合理支付视角 [J]. 财经科学，2013（7）.

[118] 郑功成. 从地区分割到全国统筹——中国职工基本养老保险制度深化改革的必由之路 [J]. 中国人民大学学报，2015（3）.

[119] 郑功成. 全国统筹：优化养老保险制度的治本之计——关于我国城镇职工基本养老保险地区分割统筹状况的调查 [N]. 光明日报，2013-07-23（15）.

［120］中国财政科学研究院"地方财政经济运行"课题组赴东部地区调研组．社会保险理念不清，财务可持续恶化并加剧区域不平衡——基于浙江、广东两省基本养老保险的调研报告［J］．经济研究参考，2017（2）．

［121］周宵，刘洋．中国基本养老保险统筹升级路径研究——基于政府间事权和支出责任视角［J］．学习与探索，2019（4）．

［122］朱金楠．关于基本养老保险统筹层次的研究述评［J］．劳动保障世界，2011（11）．

［123］朱梅，张蓉．湖南省城镇职工基本养老保险基金预测及敏感性分析［J］．经济研究参考，2018（20）．

［124］邹铁钉，叶航．形式公平与运行效率的替代效应——基于实质公平的养老改革［J］．经济研究，2014（3）．

附　表

附表1　各地区城镇在职职工参保人数（万人）

地区	2013 年	2014 年	2015 年	2016 年	2017 年
北京市	1091.3	1163.74	1187.51	1271.25	1321.36
天津市	352.28	370.18	384.25	430.42	441.23
河北省	859.55	908.31	952.03	1011.84	1102
山西省	491.91	501.13	512.88	543.6	555.68
内蒙古自治区	323.79	332.21	370.83	418.57	437.23
辽宁省	1171.7	1167.28	1139.71	1120.55	1195.46
吉林省	406.83	415.55	419.95	420.14	482.3
黑龙江省	639.86	646.69	646.87	655.6	682.19
上海市	992.43	1005	1028.44	1050.86	1059.04
江苏省	1987.82	2054.34	2098.8	2137.31	2238.47
浙江省	1976.53	2079.22	1933.99	1843.04	1964.87
安徽省	592.2	596.9	610.85	634.31	754.12
福建省	679.64	708.11	736.58	805.72	840.05
江西省	547.14	562.81	587.86	672.74	697.57
山东省	1800.4	1858.68	1923.08	1968.99	2022.16

地区	2013 年	2014 年	2015 年	2016 年	2017 年
河南省	1024.37	1089.33	1148.95	1398.08	1437.62
湖北省	823.45	846.99	874.91	897.06	1020.48
湖南省	762.22	769.85	791.08	823.78	856.62
广东省	3761.74	4363.6	4613.27	4867.85	4718.03
广西壮族自治区	365.77	377.31	389.76	511.24	525.93
海南省	174.43	182.39	187.87	158.46	172.01
重庆市	497.76	532.23	544.41	605.92	628.33
四川省	1124.07	1191.62	1250.06	1379.77	1519.03
贵州省	254.68	274.32	297.26	323.94	446.91
云南省	268.62	279.23	291.15	413.78	420.12
西藏自治区	10.48	11.59	12.38	15.08	33.7
陕西省	493.04	516.14	544.22	577.27	706.86
甘肃省	188.55	193.86	197.01	200.91	288.23
青海省	62.75	65.74	69.94	90.87	95.57
宁夏回族自治区	101.83	107.23	111.12	131.47	144.97
新疆维吾尔自治区	332.54	341.63	344.66	428.47	442.08

资料来源：国家统计局网站数据

附表2　各地区城镇国有企业、集体企业在职职工人数（万人）

地区	2013 年	2014 年	2015 年	2016 年	2017 年
北京市	742. 26	755. 86	777. 34	791. 52	812. 86
天津市	302. 44	295. 51	294. 78	286. 04	269. 48
河北省	653. 36	656. 18	643. 65	639. 62	535. 32
山西省	464. 04	452. 09	440. 27	430. 55	428. 68
内蒙古自治区	303. 84	301. 45	298. 27	293. 24	280. 63
辽宁省	689. 07	665. 17	618. 39	560. 39	519. 48
吉林省	338. 44	334. 42	325. 06	322. 15	307. 06
黑龙江省	467. 79	450. 88	433. 52	424. 87	413. 01
上海市	618. 84	648. 88	637. 23	627. 78	632. 31
江苏省	1503. 25	1602. 4	1552. 08	1497. 3	1484. 6
浙江省	1071. 61	1102. 68	1083. 41	1060. 95	1054. 5
安徽省	519. 67	521. 74	513. 79	517. 05	516. 21
福建省	644. 03	654. 64	663. 08	668. 83	672. 48
江西省	445. 01	465. 26	480. 49	471. 47	463. 54
山东省	1290. 6	1266. 34	1236. 72	1215. 46	1192. 94
河南省	1075. 99	1108. 89	1125. 85	1144. 99	1129. 35
湖北省	696. 51	706. 8	712. 33	719. 32	695. 02
湖南省	600. 99	597. 9	579. 15	568. 41	565. 75
广东省	1966. 98	1973. 28	1948. 04	1957. 57	1963. 1
广西壮族自治区	402. 99	401. 46	405. 41	401. 39	398. 03
海南省	98. 76	101. 52	100. 36	101. 18	100. 86
重庆市	402. 02	414. 47	415. 61	412. 88	406. 39
四川省	846. 25	808. 75	795. 47	787. 53	792. 21
贵州省	296. 71	304. 75	307. 47	310. 48	315. 22

地区	2013 年	2014 年	2015 年	2016 年	2017 年
云南省	428.13	419.57	414.66	418.98	422.41
西藏自治区	31.02	32.54	33.39	31.51	33.3
陕西省	505.33	516.52	511.84	511.39	510.39
甘肃省	256.65	264.74	261.76	260.96	259.22
青海省	64.19	63.19	62.71	63.09	63.35
宁夏回族自治区	72.18	73.25	73.12	70.69	71.14
新疆维吾尔自治区	309.51	316.65	317.25	320.48	335.01

资料来源：国家统计局网站数据

附表3　各地区城镇私营企业在职职工人数（万人）

地区	2013 年	2014 年	2015 年	2016 年	2017 年
北京市	420.53	553.34	638.4	685.15	734.25
天津市	132.37	141.84	158.72	179.06	201.38
河北省	430.16	373.66	429.95	510.73	572.34
山西省	232.09	250.45	272.27	323.1	356.7
内蒙古自治区	341.47	437.32	416.33	427.46	499.39
辽宁省	612.71	675.06	576.68	522.2	551.77
吉林省	361.09	391.99	441.08	439.87	433.15
黑龙江省	392.31	353.53	253.55	313.38	355.22
上海市	426.29	500.33	585.72	641.2	714.36
江苏省	1678.55	1776.83	1977.7	2296.49	2553.94
浙江省	1008.47	1208.39	1495.08	1605.92	1753.61
安徽省	523.9	655.36	755.13	879.83	1013.57
福建省	485.78	562.9	666.49	846.59	938.1
江西省	368.37	450.54	517.14	547.51	580.69
山东省	761.99	861.32	905.42	915.45	954.79
河南省	459.18	604.32	712.69	880.4	1114.01
湖北省	623.01	809.61	852.6	829.62	871.06
湖南省	652.94	810.22	917.63	468.45	524.64
广东省	1670.14	2106.53	2550.92	3071.32	3551.13
广西壮族自治区	297.67	342.98	380.48	499.78	518.98
海南省	119.09	133.73	143.6	139.26	155.95
重庆市	505.73	614.33	726.08	824.8	921.94
四川省	514.01	687.52	1126.51	1135.14	561.3
贵州省	170.11	185.45	192.67	193.85	231.26

地区	2013 年	2014 年	2015 年	2016 年	2017 年
云南省	401.85	438.45	197.17	311.19	403.01
西藏自治区	44.54	47.36	65.08	84.87	90.88
陕西省	300.86	355.42	404.7	440.74	485.9
甘肃省	166.49	189.92	210.32	225.02	244.25
青海省	49.92	54.11	56.7	67.61	84.18
宁夏回族自治区	56.69	75.09	93.57	107.05	116.7
新疆维吾尔自治区	176.25	218.76	259.2	297.35	586.27

资料来源：国家统计局网站数据

附表4 各地区城镇单位（不包含城镇私营单位）职工平均工资（元）

地区	2013 年	2014 年	2015 年	2016 年	2017 年
北京市	93006	102268	111390	119928	131700
天津市	67773	72773	80090	86305	94534
河北省	41501	45114	50921	55334	63036
山西省	46407	48969	51803	53705	60061
内蒙古自治区	50723	53748	57135	61067	66679
辽宁省	45505	48190	52332	56015	61153
吉林省	42846	46516	51558	56098	61451
黑龙江省	40794	44036	48881	52435	56067
上海市	90908	100251	109174	119935	129795
江苏省	57177	60867	66196	71574	78267
浙江省	56571	61572	66668	73326	80750
安徽省	47806	50894	55139	59102	65150
福建省	48538	53426	57628	61973	67420
江西省	42473	46218	50932	56136	61429
山东省	46998	51825	57270	62539	68081
河南省	38301	42179	45403	49505	55495
湖北省	43899	49838	54367	59831	65912
湖南省	42726	47117	52357	58241	63690
广东省	53318	59481	65788	72326	79183
广西壮族自治区	41391	45424	52982	57878	63821
海南省	44971	49882	57600	61663	67727
重庆市	50006	55588	60543	65545	70889
四川省	47965	52555	58915	63926	69419
贵州省	47364	52772	59701	66279	71795

地区	2013 年	2014 年	2015 年	2016 年	2017 年
云南省	42447	46101	52564	60450	69106
西藏自治区	57773	61235	97849	103232	108817
陕西省	47446	50535	54994	59637	65181
甘肃省	42833	46960	52942	57575	63374
青海省	51393	57084	61090	66589	75701
宁夏回族自治区	50476	54858	60380	65570	70298
新疆维吾尔自治区	49064	53471	60117	63739	67932

资料来源：国家统计局网站数据

附表 5　各地区城镇私营企业职工平均工资（元）

地区	2013 年	2014 年	2015 年	2016 年	2017 年
北京市	48027	52902	58689	65881	70738
天津市	41975	47838	53352	57216	59740
河北省	28135	31459	34084	36507	38136
山西省	27580	29203	30195	30501	31745
内蒙古自治区	33245	34778	35512	36114	36626
辽宁省	30233	32123	33812	34615	35654
吉林省	24244	26140	27774	30184	33209
黑龙江省	24750	26960	28586	30533	32422
上海市	32828	37377	41762	47177	52038
江苏省	36308	39975	43689	47156	49345
浙江省	35302	38689	41272	45005	48289
安徽省	30872	35268	37148	39110	41199
福建省	36657	40813	43385	46326	48830
江西省	27819	30149	33329	36868	40310
山东省	34317	38911	43608	48156	51992
河南省	23936	27414	30546	33312	36730
湖北省	25898	28534	31051	34167	37142
湖南省	27637	30568	33033	34582	36978
广东省	36943	41295	44838	48236	53347
广西壮族自治区	28508	31638	33519	36089	38227
海南省	30002	32707	37093	40675	45640
重庆市	35666	40139	44213	47345	50450
四川省	29830	32671	35127	37763	40087
贵州省	29370	32785	36044	39058	41796

续表

地区	2013 年	2014 年	2015 年	2016 年	2017 年
云南省	26738	32055	35015	38183	40656
西藏自治区	32409	35166	36598	37889	39002
陕西省	26454	30483	33220	35676	37472
甘肃省	24334	27273	31091	35685	37704
青海省	26226	30337	32248	34908	36588
宁夏回族自治区	32097	33229	36322	37926	38982
新疆维吾尔自治区	33409	36199	37598	38776	39958

资料来源：国家统计局网站数据

附表6 各地区近五年企业职工基本养老金支出总额（万元）

地区	2013 年	2014 年	2015 年	2016 年	2017 年
北京市	7347896	8417075	9654564	14793502	13943120
天津市	4263457	4916553	5595140	7500697	8361198
河北省	8330996	9530674	11369635	12694440	14116278
山西省	4778008	5559175	6569682	7468782	10823398
内蒙古自治区	4113203	4861397	5650434	6278011	7072037
辽宁省	12510861	14778780	17432390	19302853	22070331
吉林省	4481753	5169239	6099433	6763465	7669529
黑龙江省	8859886	10283138	12231575	13327405	15341735
上海市	13079996	15055332	20351608	21581945	25711378
江苏省	13723909	15842190	18446891	20855719	25553210
浙江省	9448966	12200231	15837295	21574175	26367422
安徽省	4490755	5199287	6054987	6730841	7846378
福建省	3386614	3789076	4339616	5860360	6664733
江西省	3522115	4445509	5370946	6681839	8626246
山东省	12705389	15576534	18451561	20902553	23586720
河南省	7115014	8307312	9610137	10921863	14717982
湖北省	7980203	9505564	11035705	12250549	18641978
湖南省	6221449	7304336	8494232	10189638	13490983
广东省	10500237	12891373	14754831	16786678	18980432
广西壮族自治区	3641644	4123780	4708900	8489952	8818547
海南省	1199515	1385360	1574501	1778449	2319659
重庆市	5080227	5737868	6646210	7404600	13724280
四川省	11075562	13131614	15275756	26799491	22764386
贵州省	1784537	2077951	2421634	2838769	5756916

续表

地区	2013 年	2014 年	2015 年	2016 年	2017 年
云南省	2537697	2881708	3290209	5011201	9588964
西藏自治区	134977	148909	187897	517607	846828
陕西省	4649789	5429045	6129684	6783399	9618148
甘肃省	2247052	2585832	3076069	3316501	3635249
青海省	774193	908198	1111941	1878418	2054798
宁夏回族自治区	997637	1182613	1370770	1819202	2214083
新疆维吾尔自治区	3669853	4261443	4903758	9343557	9059619

资料来源：国家统计局网站数据

附表7 各地区近五年人均消费支出及年均增长（元）

	2013 年	2014 年	2015 年	2016 年	2017 年	五年平均增长率
北京市	31632.23	33717.45	36642	38255.52	40346.29	6.27%
天津市	22306.18	24289.64	26229.52	28344.58	30283.65	7.94%
河北省	14970.03	16203.82	17586.62	19105.89	20600.35	8.31%
山西省	13762.7	14636.88	15818.61	16992.82	18403.98	7.54%
内蒙古自治区	19243.98	20885.23	21876.47	22744.45	23637.76	5.28%
辽宁省	19318.42	20519.57	21556.72	24995.89	25379.44	7.06%
吉林省	15940.69	17156.14	17972.62	19166.38	20051.24	5.90%
黑龙江省	15704.09	16466.63	17152.07	18145.16	19269.75	5.25%
上海市	32447.19	35182.44	36946.12	39856.76	42304.34	6.86%
江苏省	22262.34	23476.28	24966.04	26432.93	27726.33	5.64%
浙江省	25253.51	27241.74	28661.27	30067.66	31924.23	6.04%
安徽省	14593.65	16107.07	17233.53	19606.25	20740.24	9.18%
福建省	20564.7	22204.06	23520.19	25005.52	25980.45	6.02%
江西省	13842.95	15141.78	16731.81	17695.65	19244.46	8.58%
山东省	16646.47	18322.6	19853.77	21495.29	23072.12	8.50%
河南省	15248.82	16184.46	17154.3	18087.79	19422.27	6.23%
湖北省	15334.47	16681.41	18192.28	20040.03	21275.63	8.53%
湖南省	16867.25	18334.66	19501.37	21419.99	23162.64	8.25%
广东省	21621.46	23611.74	25673.08	28613.33	30197.91	8.71%
广西壮族自治区	14470.08	15045.4	16321.16	17268.45	18348.56	6.12%
海南省	15833.5	17513.78	18448.35	19015.47	20371.86	6.50%
重庆市	17123.8	18279.49	19742.29	21030.94	22759.16	7.37%
四川省	16098.17	17759.93	19276.85	20659.81	21990.58	8.11%
贵州省	13768.22	15254.64	16914.2	19201.68	20347.79	10.26%
云南省	14862.33	16268.33	17674.99	18622.4	19559.72	7.11%
西藏自治区	13678.63	15669.36	17022.01	19440.48	21087.51	11.43%

续表

	2013 年	2014 年	2015 年	2016 年	2017 年	五年平均增长率
陕西省	16398.59	17545.96	18463.87	19368.9	20388.22	5.59%
甘肃省	14411.35	15942.25	17450.86	19539.22	20659.45	9.42%
青海省	16223.36	17492.89	19200.65	20853.17	21472.99	7.26%
宁夏回族自治区	15806.87	17216.23	18983.88	20364.23	20219.49	6.35%
新疆维吾尔自治区	16858.08	17684.52	19414.74	21228.5	22796.92	7.84%

资料来源：国家统计局网站数据

附表8　各地区未来人均消费支出预测（元）（2020—2025 年）

地区	2020	2021	2022	2023	2024	2025
北京市	48423.81	51460.90	54688.48	58118.49	61763.62	65637.37
天津市	38088.64	41114.14	44379.97	47905.21	51710.47	55818.00
河北省	26173.61	28348.27	30703.61	33254.66	36017.66	39010.23
山西省	22885.89	24610.47	26465.00	28459.28	30603.84	32910.01
内蒙古自治区	27579.72	29034.73	30566.49	32179.07	33876.72	35663.93
辽宁省	31143.32	33342.06	35696.04	38216.22	40914.32	43802.90
吉林省	23815.89	25221.76	26710.61	28287.36	29957.18	31725.57
黑龙江省	22465.89	23645.00	24886.01	26192.14	27566.83	29013.67
上海市	51616.77	55156.00	58937.91	62979.13	67297.45	71911.87
江苏省	32687.64	34531.38	36479.12	38536.72	40710.38	43006.64
浙江省	38060.06	40357.02	42792.61	45375.19	48113.63	51017.34
安徽省	26996.11	29475.67	32182.97	35138.93	38366.40	41890.30
福建省	30959.21	32822.45	34797.82	36892.08	39112.37	41466.30
江西省	24638.46	26753.64	29050.40	31544.33	34252.37	37192.89
山东省	29472.13	31978.11	34697.18	37647.45	40848.57	44321.88
河南省	23286.16	24737.95	26280.26	27918.73	29659.34	31508.48
湖北省	27198.36	29518.62	32036.83	34769.86	37736.04	40955.27
湖南省	29382.98	31807.67	34432.44	37273.80	40349.64	43679.29
广东省	38796.79	42176.33	45850.25	49844.21	54186.07	58906.15
广西壮族自治区	21925.54	23266.61	24689.70	26199.84	27802.34	29502.86
海南省	24610.53	26211.05	27915.66	29731.12	31664.65	33723.93
重庆市	28172.36	30249.09	32478.90	34873.08	37443.75	40203.92
四川省	27786.37	30039.79	32475.95	35109.69	37957.01	41035.25
贵州省	27273.87	30071.61	33156.34	36557.49	40307.54	44442.26

续表

地区	2020	2021	2022	2023	2024	2025
云南省	24033.63	25741.77	27571.30	29530.87	31629.71	33877.71
西藏自治区	29175.10	32509.33	36224.61	40364.48	44977.47	50117.65
陕西省	24005.40	25348.49	26766.73	28264.32	29845.70	31515.55
甘肃省	27066.33	29616.44	32406.82	35460.09	38801.04	42456.77
青海省	26497.59	28421.32	30484.72	32697.92	35071.80	37618.02
宁夏回族自治区	24319.99	25863.93	27505.88	29252.07	31109.12	33084.06
新疆维吾尔自治区	28587.57	30827.92	33243.85	35849.10	38658.53	41688.12

附表9 各地区基金上解额测算（2020—2025年）（单位：亿元）

地区	2020	2021	2022	2023	2024	2025
北京市	618.47	683.04	754.36	833.12	920.10	1016.17
天津市	230.17	255.27	283.10	313.98	348.22	386.19
河北省	392.78	422.18	453.79	487.76	524.28	563.53
山西省	219.85	228.37	237.23	246.43	255.99	265.91
内蒙古自治区	215.14	168.93	185.70	204.15	224.42	246.71
辽宁省	296.45	323.13	352.22	383.93	418.49	456.16
吉林省	131.88	136.78	141.86	147.12	152.58	158.25
黑龙江省	228.76	233.12	237.57	242.11	246.73	251.44
上海市	567.42	618.16	673.45	733.67	799.29	870.77
江苏省	1010.31	1146.51	1301.08	1476.49	1675.54	1901.43
浙江省	754.56	858.01	975.64	1109.40	1261.50	1434.46
安徽省	233.84	220.30	207.55	195.53	184.21	173.54
福建省	445.09	511.24	587.22	770.84	885.40	1016.98
江西省	278.68	276.79	274.92	273.06	271.21	269.37
山东省	904.42	998.70	1102.80	1014.80	1120.59	1237.40
河南省	626.59	763.13	929.44	1131.98	1378.66	1679.10
湖北省	369.58	374.27	379.02	383.82	388.69	393.62
湖南省	324.96	333.51	342.29	351.30	360.55	370.03
广东省	1519.23	1684.28	1867.26	2070.12	2295.01	2544.34
广西壮族自治区	277.87	284.58	291.45	298.49	305.69	313.07
海南省	112.04	131.82	155.09	182.47	214.68	252.59
重庆市	281.84	277.44	273.12	268.86	264.67	260.54
四川省	543.29	547.25	551.25	555.27	559.33	563.41
贵州省	263.53	272.91	282.63	292.69	303.10	313.89

续表

地区	2020	2021	2022	2023	2024	2025
云南省	377.81	427.34	483.37	546.75	618.44	699.53
西藏自治区	9.10	10.54	12.20	14.13	16.37	18.96
陕西省	250.17	261.35	273.04	285.25	298.01	311.34
甘肃省	122.02	130.88	140.37	150.56	161.48	173.20
青海省	52.73	60.77	70.03	80.70	93.00	122.48
宁夏回族自治区	57.46	64.57	72.56	81.55	91.64	102.99
新疆维吾尔自治区	161.25	175.58	191.18	208.17	226.67	246.82

附表 10　各地区基金下拨额测算（2020—2025 年）（单位：亿元）

地区	2020	2021	2022	2023	2024	2025
北京市	305.21	331.00	361.88	394.05	433.37	478.33
天津市	230.45	249.92	273.24	297.53	327.22	361.17
河北省	467.64	507.15	554.48	603.76	664.00	732.89
山西省	261.99	284.13	310.64	338.25	372.00	410.60
内蒙古自治区	277.13	300.54	328.59	357.79	393.49	434.32
辽宁省	813.17	881.88	964.18	1049.88	1154.63	1274.42
吉林省	358.15	388.41	424.65	462.40	508.54	561.30
黑龙江省	564.75	612.47	669.63	729.14	801.90	885.09
上海市	527.34	571.89	625.26	680.84	748.77	826.45
江苏省	858.14	930.64	1017.49	1107.93	1218.47	1344.89
浙江省	805.79	873.87	955.42	1040.34	1144.15	1262.85
安徽省	348.04	377.44	412.67	449.34	494.18	545.45
福建省	196.21	212.79	232.65	253.33	278.61	307.51
江西省	331.66	359.68	393.25	428.20	470.93	519.79
山东省	688.59	746.77	816.46	889.03	977.74	1079.18
河南省	495.84	537.73	587.91	640.17	704.04	777.09
湖北省	567.17	615.09	672.49	732.26	805.33	888.88
湖南省	455.67	494.17	540.29	588.31	647.01	714.14
广东省	613.43	665.25	727.34	791.98	871.01	961.37
广西壮族自治区	271.51	294.45	321.93	350.54	385.52	425.52
海南省	74.25	80.52	88.04	95.86	105.43	116.37
重庆市	388.98	421.84	461.21	502.20	552.31	609.61
四川省	879.68	954.00	1043.03	1135.73	1249.06	1378.64
贵州省	152.28	165.14	180.55	196.60	216.22	238.65

续表

地区	2020	2021	2022	2023	2024	2025
云南省	184.70	200.31	219.00	238.46	262.26	289.47
西藏自治区	9.89	10.72	11.72	12.76	14.04	15.49
陕西省	265.67	288.12	315.00	343.00	377.22	416.36
甘肃省	152.65	165.55	181.00	197.09	216.75	239.24
青海省	46.11	50.00	54.67	59.53	65.47	72.26
宁夏回族自治区	64.94	70.42	77.00	83.84	92.21	101.77
新疆维吾尔自治区	220.23	238.84	261.13	284.34	312.71	345.15